李琼 著

每个人都懂的商业哲学

中国商业出版社

图书在版编目（CIP）数据

每个人都懂的商业哲学 / 李琼著. -- 北京 : 中国商业出版社, 2025. 6. -- ISBN 978-7-5208-3383-7

Ⅰ. F272.3

中国国家版本馆CIP数据核字第20250UK566号

责任编辑：王　彦

中国商业出版社出版发行

（www.zgsycb.com　100053　北京广安门内报国寺1号）

总编室：010-63180647　编辑室：010-63033100

发行部：010-83120835/8286

新华书店经销

天津盛辉印刷有限公司印刷

*

787毫米×1092毫米　32开　9印张　200千字

2025年6月第1版　2025年6月第1次印刷

定价：79.80元

*　*　*　*

（如有印装质量问题可更换）

经营人生与事业,是一生的修行。

遵循天道,行事有方,落地有法,

以正心正念,洞察万物,创造美好人生!

| 自　序 |

知行合一

　　古今之大学问者，围绕"意义"二字而殚精竭虑，上下求索。他们从物质世界到精神世界，不断地思辨、质疑，重构着各事物"存在"的意义。"知者行之始，行者知之成"，王阳明在《传习录》中引经据典，立德、立功、立言，深刻地诠释了"知行合一"的内涵，他的"心学"也为黑暗中求索"意义"的人们指明了前行的方向。

　　回溯历史的长河，朝野兴替、灯火阑珊，亦只是梦幻泡影。真正促进文明进步的，往往是那些通过技术、思想不断提升人类物质生活和精神生活的孤勇者。他们的文字和事迹穿越历史周期，依旧能够点亮浩瀚星空。人生数十载，有的人生命浅显，有的人生命深刻，各有诠释。而人生只有做到足够深刻，才能萃取出些许智慧之光。我自诩人生还算深刻，所以在进入"不惑之年"时，班门弄斧，给自己写了一篇"人生叙事"，还狂妄地以"人生经营""商业哲学"为基调，实属汗颜，还望读者海涵。

  18岁前，我蜗居于川西的一个小山村，从未进过县城。父母是传统的农民，"面朝黄土背朝天"就是我们全家的日常。虽然环境闭塞，父亲也没有多少文化，但他常教导我要"读书改命""人穷志不短"。因此，走出大山、创业致富，成为我那时非常朴实的人生志向。

  寒窗苦读，我终于如愿来到了大城市。虽穿梭于灯火通明、高楼林立、繁花似锦的大都市，但发现自己如同一粒尘埃，毫无生机，也时常陷入迷茫惘，感到"志向"遥不可及。大学期间，刷盘子、做家教、发传单，这些都是家常便饭。也许是求生的本能，我总是比同学们更愿意吃苦、更愿意尝试，也因此更容易发现一些机会。大学期间，我工作和学习都非常充实：学业优异，光荣入党；研究技术，用互联网创业。大四时，我创办了一个营利性的网站——书生租房网，并获得了很大的注册流量。毕业时，系主任为我介绍了一份电视台的工作，那是一份"铁饭碗"。但为了更大的突破，我选择了创业。当时在成都，我踏遍了四川各高校，在书生租房网上发布信息，靠广告费盈利。2008年，由于男朋友被绵阳南山中学录取，我也面临着人生的抉择。恰巧，四川大学的一个中介提出收购我的书生租房网，我因此得到了人生的第一桶创业基金。来到绵阳后，男朋友的学校领导介绍我去学校上班，我拒绝了。我打开电脑，又开始了新的创业历程。我创办了书生苑家教网，研究推广，搭建实体，历经坎坷，几度濒临关门。在这期间，我生了女儿，还经历了女儿早产的痛苦。我带着她跑遍各大医院，看着女儿全身到处都是针眼和管子，心痛不已。但慢慢地，我也算"守得云开见月明"，女儿顺利进入了幼儿园。2014年，我开始招兵买马，做中小学教育裂变校区。过程中经历了疫情和"双减"，我们伤痕累累。但在伙伴们的众志成城之下，携手渡过一个个难关，才有了今天能够为伙伴们遮风挡雨的摩西&摩东教育。

2020年，受上海胜者教育董事长张益铭老师的影响，我的心境有了很大的改变。过去，我为小家、为摩西、为这个小系统而奋斗。如今到了"不惑之年"，我想人应该有更大的志向，应该在更大的系统里发光发热，绽放生命之花，为中国青少年的成长倾尽全力。于是2020年8月，我们全家来到了上海，为女儿做榜样，为摩西团队做榜样，升级自己的教育之路。从此，"承载更大的时空，突破自己，完善自己"成为我后半生的人生课题。过去，我是自己场域的老大，身份认同毋庸置疑，调用资源毫不费力。来到上海后，新的场域要求我用更多的时间和业绩来重构身份，调用资源也变得举步维艰。

2020年底，我一口气买下了稻盛和夫先生的全部书籍。从书中我发现，在更大的协作关系中，经营企业靠的不再是匹夫之勇，而是真正的"以心为本"的经营。身为组织中的一员，你的作用不是让人仰慕，不是成为永远的不可或缺，而是要做一股清流，在润物细无声中提升组织的免疫力，既要进攻，也要防守，推动组织不断进化。这几年，在稻盛和夫先生的精神引领下，我重新定义了自己的后半生：豁达、自由、独立、绽放，去遵循宇宙的发展规律，去重视内心的纯粹，去减少对凡庸之事的关注，以利他为做事原则，在这繁杂的世俗中，让自己有能力保有赤子之心。

不管时代如何变，做人做事的底色永远不变。稻盛和夫先生作为"二战"后日本的第一代企业家，被称为"经营之圣"，他靠"企业文化"建功立业。他总结的78条人生箴言，都是其"知行合一"的结果，值得后世敬仰。作为晚辈，我的人生还在路上，还有许多事需要经历和感悟。"知者行之始，行者知之成"，今天，我毛遂自荐，以这78条箴言为基础，结合时代背景，利用跨学科知识，总结出一部通识经营哲学——《每个人都懂的商业哲学》。我希望它能成为你的枕边工具书。如果它能让你在人生的迷惘中获取一丝光亮，那我便三生有幸，备感欣喜。

最后，非常感谢上海胜者教育董事长张益铭老师对本书的修改建议，感谢张雪梁老师对本书思维导图的梳理，感谢苏其洲老师对本书目录框架的搭建建议。

李　琼
2024年12月于上海

| 前 言 |

在不确定时代寻找确定性的生存哲学

《京瓷哲学》作为稻盛和夫先生的心血结晶,不仅是一部商业管理的宝典,更是一本关于人生智慧的指南。稻盛和夫先生通过"重构商业本质认知""构筑心智成长系统""锻造组织进化能力"三大维度,让这本虽然诞生于工业时代的经典,在当下的数字化浪潮中,依然能给我们多重意义上的启发和帮助。

它能帮我们理解企业经营的本质

《京瓷哲学》为我们揭示了企业经营的本质。稻盛和夫先生认为,企业的目的不仅是追求利润最大化,更重要的是通过提供有价值的产品和服务,满足客户的需求,进而实现企业的社会责任。这一观点颠覆了传统商业思维中"利润至上"的观念,强调了企业的社会责任和长远发展的目标。通过阅读,我们可以学习到如何以更加全面和长远的视角来看待企业经营，从而制定出更加符合企业长远发展的战略。

它能帮我们掌握成功的经营哲学

稻盛和夫先生在《京瓷哲学》中总结了自己多年来的经营智慧，形成了一套独特的经营哲学。这套哲学包括了"阿米巴经营""追求全体员工物质与精神两方面幸福""玻璃般透明的经营"等多个方面。其中，单元核算让每个员工看见自己创造的价值；哲学渗透用晨读、案例复盘构建共同语境；赛马机制则在透明化竞争中培育企业家精神。

这也正是本书着力创新的方向。本书将《京瓷哲学》78条人生箴言转化为可直接落地的工具、文化诊断量表、价值观考核模板等，方便读者学习。

这些理念不仅在日本京瓷公司的实践中取得了巨大成功，也为全球其他企业提供了宝贵的经验。通过阅读，我们可以掌握这些成功的经营哲学，并在自己的企业实践中加以运用，从而推动企业实现更加稳健和可持续的发展。

它能帮我们培养正确的思维方式

《京瓷哲学》强调了正确思维方式的重要性。稻盛和夫先生认为，一个人的思维方式决定了他的行为方式和人生轨迹。因此，他提倡以"作为人，何谓正确"为判断基准，来指导自己的言行。这种思维方式鼓励我们在面对各种问题和挑战时，保持冷静和理性，以正确的价值观为导向，作出正确的决策。通过阅读，我们可以培养这种正确的思维方式，从而更好地应对生活中的各种挑战和机遇。

它能帮我们提升个人领导力与团队协作能力

在《京瓷哲学》中，稻盛和夫先生强调了领导力和团队协作能力的重要性。他认为，一个优秀的领导者应该具备高尚的品格、坚定的信念和卓越的才能，能够带领团队不断前进。同时，他也强调了团队协作的重要性，认为只有团队成员之间相互信任、相互支持，才能形成强大的合力，推动企业的发展。通过阅读，我们可以学到如何提升自己的领导力和团队协作能力，从而更好地发挥自己在团队中的作用。

它能帮助我们增长人生智慧与促进心灵成长

《京瓷哲学》为我们提供了丰富的人生智慧和心灵成长的启示。稻盛和夫先生在书中分享了自己对人生、幸福、成功等话题的深刻思考和感悟。这些思考和感悟不仅有助于我们更好地理解人生、追求幸福，还能激发我们内心的潜能和动力，推动我们不断前行。通过阅读，我们可以获得更多的人生智慧和心灵成长，从而更好地面对生活中的各种挑战和机遇。

作者正是从《京瓷哲学》中汲取了丰富的养分，结合自己的创业经验和人生心得，创作出了这本《每个人都懂的商业哲学》。

《每个人都懂的商业哲学》中的内容，是道和术的结合，稻盛和夫《京瓷哲学》的78条人生箴言，分为人生经营和企业经营两个板块。作者在其中赋予了新时代背景，重新诠释，直击在当今多变多元的复杂环境下做人做事的底层逻辑，希望能对更多人有所启发和帮助。

《每个人都懂的商业哲学》是一本工具书，是人生和企业经营迷惘时的锦囊，作为指南针，指引有缘人在黑暗摸索中找到光亮。它围绕"作为人，何为正确"而展开，全书蕴藏着正心正念正行，充满着力量，明确着方法，立志为每一位有缘人打上"美好人生"的底色。

《每个人都懂的商业哲学》是企业家打造企业文化、凝聚人心的必备工具，是企业全员的共读书籍，能够起到净化心灵、打开格局、明确方向、敬畏规则的作用。

《每个人都懂的商业哲学》是个人心力成长的必备工具。通过反复读、悟和配套条目写读书心得，对人生的理解程度会有质的提升，能够更加全面地认识自己、认识环境，培养洞察事物本质的思维，获得身心自由。

当您翻开本书时，开启的不仅是一场经营思维的升级，更是一次回归生命本质之旅——毕竟，所有商业的终极命题，都是关于人的觉醒。

| 目 录 |

上篇	**人生经营** ...1
第一章	**心外无法，此心即法** ...2
	01　如何提高心性 ...*3*
	02　如何做到与"宇宙的意志"相协调 ...*5*
	03　爱、真诚及和谐之心 ...*8*
	04　以纯洁的心灵描绘愿望 ...*11*
	05　拥有坦诚之心 ...*13*
	06　怀有感恩之心 ...*16*
	07　必须始终保持谦虚 ...*18*
	08　把利他之心作为判断基准 ...*20*
第二章	**保持乐观，尽心尽力** ...24
	01　保持乐观开朗 ...*25*
	02　贯彻完美主义 ...*28*
	03　自我燃烧 ...*31*
	04　探究事物的本质 ...*34*
	05　认认真真地过好每一天 ...*37*

第三章	知负责的苦，才懂尽责的趣 ...41
	01 为伙伴尽力 ...42
	02 构建信赖关系 ...45
	03 成为旋涡的中心 ...47
	04 率先垂范 ...50
	05 把自己逼入绝境 ...53

第四章	绝知此事要躬行 ...57
	01 认真努力，埋头苦干 ...58
	02 脚踏实地，坚持不懈 ...61
	03 在相扑台中心发力 ...64
	04 实践重于知识 ...67
	05 乐观构思、悲观计划、乐观实行 ...70

第五章	浅明不见深理，近才不睹远体 ...75
	01 直言相谏 ...76
	02 戒除私心，才能正确判断 ...79
	03 大胆与细心兼备 ...82
	04 以"有意注意"磨炼判断力 ...85
	05 具备均衡的人格 ...88
	06 怀有渗透到潜意识、强烈而持久的愿望 ...91

第六章	寻找生命的磨刀石 ...95
	01 贯彻公平竞争的精神　96
	02 勇于挑战 ...99
	03 成为开拓者 ...103
	04 坚持信念 ...107
	05 注重公私分明 ...109
	06 深思熟虑到"看见结果" ...112

第七章 **自知者明，自胜者强** ...116
  01 自己的道路自己开拓 ...117
  02 有言实行 ...120
  03 不成功决不罢休 ...122
  04 心想事成 ...124
  05 描绘梦想 ...127

第八章 **内省不疚，夫何忧何惧** ...130
  01 动机至善、私心了无 ...131
  02 小善乃大恶 ...133
  03 人生须时时反省 ...136
  04 抱纯粹之心，走人生之路 ...139
  05 具备真正的勇气 ...142

下篇 **企业经营** ...147

第九章 **人生与工作** ...148
  01 爱上工作 ...149
  02 人生·工作的结果=热情×能力×思维方式 ...152
  03 认为不行的时候，正是工作的开始 ...156
  04 要不断从事创造性的工作 ...160
  05 点燃团队的斗志 ...163
  06 追求人类的无限可能性 ...166

第十章 **经营之道，如烹小鲜** ...172
  01 以心为本的经营 ...173
  02 追求利润天经地义 ...176
  03 遵循原理原则 ...180
  04 客户至上主义 ...183
  05 以大家族主义开展经营 ...186

06　贯彻实力主义 ...189
　　07　重视伙伴关系 ...192
　　08　全员参与经营 ...194
　　09　统一方向，形成合力 ...197
　　10　重视独特性 ...201
　　11　玻璃般透明的经营 ...204
　　12　树立高目标 ...207
　　13　设定的目标不同，攀登的山峰也会不同 ...210

第十一章　日常经营，精益求精 ...214
　　01　定价即经营 ...215
　　02　销售最大化、费用最小化（量入为出）...217
　　03　增强核算意识 ...220
　　04　每天都进行核算 ...223
　　05　贯彻健全资产原则 ...225
　　06　以节俭为本 ...228
　　07　按所需数量购买所需物品 ...231
　　08　设计完美无瑕的产品 ...234

第十二章　知者行之始，行者知之成 ...238
　　01　能力要用将来进行时 ...239
　　02　目标要众所周知，彻底贯彻 ...241
　　03　贯彻现实主义 ...244
　　04　重视经验 ...246
　　05　倾听产品的声音 ...249
　　06　贯彻一一对应的原则 ...252
　　07　贯彻双重确认的原则 ...254
　　08　要把事情简单化 ...257

后　记　利他的魔力 ...263

上篇 人生经营

第一章

心外无法，此心即法

01 如何提高心性

正直、善良、诚信、谦虚、知足……这些朴实无华的词汇我们并不陌生,它们是从小父母和老师教导我们做人的原则。但在漫漫人生路上,我们会发现这些行为标准变得越来越模糊。

从呱呱坠地到安然离世,人生短短数十载,经历童年、少年、青年、中年、老年,每一段都是故事,有欣喜也有悲伤。蓦然回首,你会发现人生的每一步都算数,都是因果循环。我一直在反复问自己,支撑人前进的力量是什么?我想应该是"意义"吧!那意义的背后又是什么?我想应该是使命感和责任感吧!所以我在培训团队时经常会说,一个人眼里是否有光,关键在于他是否具有使命感和责任感,是否有家庭责任感、团队责任感、社会责任感以及心之所向的使命感。这些美好的感觉才能让人对生活充满好奇和满足,才能让人生有意义!

在现实生活中,我们会看到那些浑浑噩噩、好吃懒做之人,他们看似休闲惬意,实则思想空洞、精神空虚、百无聊赖、痛苦不已。

人生的终极意义应该是追求富足、独立和自由。追求的过程可能是坎坷、艰险,甚至是伤痛,但结果一定是晴空万里,让人赞叹不已！例如唐僧师徒西天取经，虽然孙悟空一个跟头就能走十万八千里，但要取得真经，必须经历千辛万苦，历经九九八十一难，才能修成正果！

所以，提高心性的过程，就是磨砺灵魂的过程。将自己置于艰难之中，通过抵御诱惑，不断地净化心灵，成就美丽之心，才能让人深刻懂得何为正直、善良、诚信、谦虚、知足，从而获得幸福的人生！

02 如何做到与"宇宙的意志"相协调

大家身边有没有这样一类人,他们经常眉头紧锁,怨天尤人,穷困潦倒,常抱怨命运不济,要么选择欺诈、投机的谋生,要么选择得过且过的苟活,穷尽一生,回首相望,尽是凄凉!这背后究竟是什么原因呢?

东方讲究天人合一,西方讲究物竞天择,古今中外的先哲们都在探索人与自然的关系。从"地心说"到"日心说",人类知识边界在不断地扩大,从地球观上升到了宇宙观。随着学科的不断分化,人类对世间万物的探索也越来越深入,对宇宙也越发敬畏!

我们都知道,人是卵子和精子结合成了受精卵,进而孕育出的新生命。这也是大多数人所了解到的人的由来。人类自封本族为"地球公民",自尊为"高等动物",傲视万物,自谓是地球的主宰者。殊不知,人类对宇宙的了解还非常有限,还有大量的空间对人类来讲都是未知的世界。所以,对未知的探索,也是人类和宇宙未来共同演绎的方向。但在现实生活中,我们会发现很多浑浑噩噩的人,已经退化了探索的本能,没有了探索力!

道法自然。当我们探索宇宙起源时,会发现宇宙诞生之初,只是一些超高温、超高压的基础粒子，由于突然的爆炸，宇宙才得以产生，并且目前仍在持续膨胀。大家有没有发现，这些基础粒子和人的精子、卵子之间是否有共性？它们深刻地诠释了生命诞生的过程。大家有没有发现，宇宙的持续膨胀和人的成长之间是否也有共性？它们深刻地诠释了生命成长的过程。所以，无论是宇宙孕育万事万物，还是人类繁衍千秋万代，背后都有一股"意志"在推动，这就是发展的动力。但回归现实，我们也会看到，由于诱惑的催眠，很多人好像已经失去了这份探索的好奇心和发展的动力！

生命的起源回到最初状态，底层的发展逻辑都有其共性。质子和中子组合成原子核，原子核和电子组合成分子，再形成高分子，再形成单细胞，形成多细胞，不断演化，最终形成了如今这包罗万象、纷繁复杂的世间万物。

作为人类的这一分支，也有其共性。人类经历了原始的狩猎文明到定居的农耕文明，再到今天全球贸易的工商业文明。这期间，人类饱受了饥饿、瘟疫和战争的考验，历经了启蒙运动、宗教改革、科学革命、工业革命、电子信息革命的洗礼，穿越了无数个经济周期，制定了政府、市场、个人的发展秩序，最终遵循优胜劣汰的原则，人类才算真正走出了"马尔萨斯陷阱[①]"，获得了民主、自由、独立的解放，才有了今天我们看到的世界格局。这都是"宇宙的意志"指引着人类在不断突破，这都是自然选择和进化的结果！

[①] 马尔萨斯陷阱：人口增长是按照几何级数增长的，而生存资源仅仅是按照算术级数增长的，多增加的人口总是要以某种方式被消灭掉，人口不能超出相应的农业发展水平。

所以，无论是宇宙、人类，还是企业、个人，要从"存在"到"存活"，就必须发展，拥抱发展，与"宇宙的意志"相协调，才能做到物竞天择、天人合一！

03 爱、真诚及和谐之心

"一千个读者眼中就会有一千个哈姆雷特。"同样,一千个人心中就会有一千个对"爱、真诚及和谐之心"的诠释。这些美好的词,从小到大就不绝于耳。但为什么很多人虽然懂得了这些道理,却仍然过不好这一生呢?背后最主要的原因就是人会受个人立场和观点的限制,导致很多人只见树木而难见森林!

爱是生命的力量,是人生意义的正向反馈,是每个人内心最深层次的需求。因为爱,让我们有了使命感、责任感,从而对生命有了美好憧憬;因为爱,让我们感受到自己被需要,从而愿意为目标全力以赴;因为爱,让我们有能力爱自己,慰藉心灵,从而更有力量与世界产生链接。爱不仅能给他人带去欢愉和美好,也能让我们自己身心更健康。

因此,"爱"和"被爱"是相互的,是主动付出可以换回全世界的收获。爱不是由施爱者定义,而是由被爱者的感受定义。爱是一种行动,而非仅仅是一个名词或形容词。真正的爱来自被爱者所感受到的情感。如果施爱者将自己的爱强加于被爱者,那将是对爱的亵渎。

在现实生活中，我们常看到不欢而散的场景，这背后的主要原因就是有些人受到个人立场、观点的限制，一叶障目，没有能力用自己的认知去影响别人，反而以受害者的心理相互指责，从而造成遗憾。我们要知道，由于每个人的个人立场不同，站位看到的风景不同，又怎么可能做到事事顺意呢？

因此，智慧的人在相处时，关键是要减少关注圈，重视影响圈，要用宇宙视角来看待事物，给时空留白，去化解问题。所以，人只有观照好自己，才能有能量照亮他人！

真诚是做人做事的态度，是一种非常宝贵的品质。真诚的背后是不算计，是王阳明所讲的"良知"和"知行合一"。要做到真诚，所有行动的出发点都应是善意的，是给别人带去价值而非伤害。要做到真诚，关键在于拥有一颗"利他之心"，在面对诱惑时，内心要笃定，要坚守真诚之心，不因贪念而迷失自己。

但在现实生活中，我们会发现很多人打着"真诚"的旗帜，却将自己的人生活得像"庞氏骗局②"，试图用一个谎言来掩盖另一个谎言，知行失调，结果是一片混乱，难以收场。因此，真诚的关键在于内心清明，环境清明，做到不以物喜，不以己悲，以真诚之心，善意待人，不做掩耳盗铃之事！

和谐之心不仅希望自己好，同时也希望他人好，主要指人与

---

② 庞氏骗局是对金融领域投资诈骗的称呼，是金字塔骗局（Pyramid scheme）的始祖。

自己、人与环境的和谐状态。这种状态可以承载万物，让人身心舒展，能更有力量去应对挑战。人存于天地之间，肉体是灵魂的房间，肉体要存在，必然要不断获取食物来提供能量，而追求物质的过程就容易产生"欲望"。

因此，灵魂的核心在于和谐欲望，不让贪念灼伤灵魂。道家强调"天人合一"，佛家强调"万事皆空"，都是指人要把格局和境界提升，进入"无我"状态，与宇宙意志相连，和谐万物，方能获得智慧！

万事皆有规律，爱、真诚及和谐之心是每个人都应该打下的道德底色，其领悟程度决定了人触碰规律的程度。因此，人的成长关键在于面对爱、真诚及和谐之心时，不被个人立场和观点限制，而是让生命觉醒，去追求更高层次的自我实现！

04 以纯洁的心灵描绘愿望

人总有着对美好未来的愿望,这份愿望让人心生力量,虽劳碌奔波却备感欣喜。有人梦想腰缠万贯,有人梦想身居高位,有人梦想思想流传,有人梦想为国争光,也有人梦想为人类谋进步作出贡献。

人生是长跑,是拉锯战,眼前的领先并不代表愿望已成真。站在人生的延长线上去审视,每一段都是因果循环,让人敬畏。人生沉浮,能抵御沉沦的关键在于拥有一颗纯洁的心灵,因为只有纯洁的心灵才能以智慧之眼洞察事物的本质。现实也告诉我们,人生只有按照事物的规律行事,才不至于被诱惑迷失双眼。因此,以纯洁的心灵描绘愿望,是人生得以安生的智慧!

所谓"纯洁的心灵",意味着要回归人的质朴,是用最原始的本心去对待世间万物。拥有纯洁心灵的人能眼明心亮,不偏不倚,永葆道德底线,不被世俗扭曲心智;拥有纯洁心灵的人能给人带来安全感,吸引更多纯洁心灵的人,共建共赢的生态圈;拥有纯洁心灵的人是"好运"的朋友,即使身处困境,也会得到好运相助,资源会接踵而来,境遇也会越来越好。因此,纯洁的心灵是人前行的"护身符"!

既然"纯洁的心灵"如此宝贵,为何有人将其丢弃?因为靠纯洁的心灵做人做事,是一个慢功夫,它要求人要专注、要遵循因果规律,要耐得住寂寞,守得住孤独。但在现实生活中,有些人受权力、利益、荣誉的诱惑,他们"纯洁的心灵"就被贱卖了,因为他们认为换成"污浊的心灵"反而能更快更好地实现愿望,身心不再受累。但他们不知道,每个人一生所得,如权力、利益、荣誉、财富,都是事先标注好价格的,当一个人的"所得"超出了自己所能承载的费用时,就会透支未来的信誉、身体、机会和幸福,就会反噬到自己的后半生。这就是为什么我们常看到有些人虽然一时风生水起,却总是跌宕起伏的原因。因此,保有"纯洁的心灵",看似笨拙,但这种延迟满足的心理,反而才是真正地在锤炼心智,练就能力,获得复利!

所以,当一个人明确要以"纯洁的心灵"做人做事时,所描绘的愿望才是真正的利他,这就不是一个人的独角戏,而是众星捧月的舞台剧。潮起潮涌,共舞人生!

05 拥有坦诚之心

坦诚之心是指人在面对错误时的价值观。

人的成长速度取决于面对错误时的态度：是选择掩饰错误，还是实事求是，这是两种截然不同的决策系统。前者是把面子看得比里子重要，后者则是把里子看得比面子重要。两种不同的选择，展现了两种不同的人生观：前者是自欺欺人，后者是厚积薄发，同时也体现了人在面对问题时的不同格局和境界！

人的成长主要由专业能力和心智成熟度构成。专业能力的提升可能会受到个人天赋和社会资源的影响，而心智的成熟则需要通过经历挫折来积累。在学生时代，还有统一的考试标准，可以占据一定的资源优势，但一旦步入社会，面对复杂多变的环境，每个人的挑战不同，也不会再有标准答案。

此时，能否出奇制胜，除了专业能力，关键还在于心智的成熟。心智的提升无法用资源和财富来兑换，只能靠经历挫折来历练。而挫折可能会让人灰头土脸，颜面扫地，此时是选择畏缩不前，还是迎难而上，就很关键。前者代表"安逸"，后者代表"奋斗"。

虽然人的本能是趋利避害，但一旦选择安逸，形成惰性思维，心智就很难再提升。所以我们要懂得，面对两难决策，抵御诱惑的过程其实就是提升心智的过程。而人的心智也正是在这种决策训练中被磨砺提升的。那如何才能做到不沦陷于"安逸思维"呢？

要战胜"安逸思维"，关键在于拥有一颗强大的坦诚之心，要接纳挫折，包容错误，不拘泥于颜面。拥有坦诚之心的人在挫折后才会有更大的勇气面对严峻的挑战，不惧失败。也就是说，人只有以坦诚之心面对成长过程中的遗憾与收获，才能实现专业能力和心智成熟度的双向提升，未来才可能在更大的舞台上游刃有余！

对于企业的发展而言，培育出坦诚之心的文化也同样至关重要。企业是由团队和事件的关系构成，事件是由人完成的。看得见的事件是显性的，看不见的事件则是隐性的，显性是表象，隐性是实质。因此，看不见的事件往往决定着看得见的事件。

以电脑图像为例，我们看得见的是电脑屏幕上的图像，但我们看不见的是图像呈现背后的内部复杂关系，而后者却决定着前者。同理，如果企业的发展只关注显性事件，而忽视对隐性事件的激发，企业的发展就容易陷入困境。问题是，一旦涉及隐性事件，因为往往没有现成的经验可循，在黑暗中摸索，就容易出错。这时，企业内部是否有坦诚之心的文化就显得尤为重要了。

有坦诚之心的企业意味着要接纳员工犯错，要鼓励员工坦诚和创新，要保护员工的决策思维。换言之，企业的容错力和创新力是成正比的，只有当企业内部植入坦诚之心后，员工才会更有安全感地去挑战新事物，为企业带来更多新机会。因此，坦诚之心是勇气的保护伞，是创新的土壤，它能够包罗万象，让员工更自信，让企业更有生命力！

所以，坦诚之心，是人和企业进化的容错池，它让人和企业更有勇气去探索未知领域，让未来一切成为可能！

06 怀有感恩之心

从空间层面上来讲，人扮演着两个重要角色：一是家庭角色，二是社会角色。这两个角色贯穿着我们的一生。在家庭关系中，父母养育我们，让我们有机会感受世界的美好，让我们的生命得以发芽，我们应怀有反哺之心；在社会关系中，我们会遇到形形色色的人，有人帮助我们，有人则可能伤害我们，他们让我们的生命得以富足，我们应怀有感恩之心。

因此，生命中出现过的人，发生过的事，都是我们的老师，都有助于我们变得更好，我们应怀有感恩之心来回馈他们！

怀有感恩之心的人具有内省思维，他们乐观积极，总能在危机中发现机遇；怀有感恩之心的人善于经营人际关系，他们人缘好，即使身处绝境，也能触底反弹；怀有感恩之心的人心态平和，具有全局观，能沉得住气，干得了大事。

但为什么现实中很多人没有感恩之心呢？因为要拥有"感恩之心"，首先就要放下"面子"，要接纳自己的不足，看到他人的优势，这就需要有更宽广的胸怀去包容。但很多人太看重面子，不愿意承认自己的不足，更不愿意接受别人比自己优秀，所以，这种

"狭隘思维",就使他们失去了"感恩之心"。

事实上,从他们丢弃"感恩之心"的那一刻起,他们的人生也将变得更加狭隘,因为无法容纳他人,也就无法再抓住机会!

如果把人一生的轨迹比作奔驰的列车,在这趟列车上,会演绎着人在家庭和社会中扮演的各种角色的故事。有人不断上车,也有人不断下车,但唯有自己会永远一路向前,直到生命的终点。有人可能会问,遇到什么样的人,发生什么样的故事,是由什么决定的呢?答案就是个人认知和社交圈子。

我们要知道,人的一生总是在为自己的认知而买单,甚至循环往复。父辈认知的传承,可以让人赢在起点,长大后圈子的跃迁,可以让人赢在未来。我们要铭记,接纳生活的原始配置,感恩遇到的每一个人和发生的每一件事,将每一段经历沉淀为经验,铭记在心,并通过不断的认知升级来提升生命列车的配置,这就是人成长的过程!

所以,怀有感恩之心的人,才能更有勇气面对现实,克服困难,革新自我,在人生的列车上欣赏到更美的风景,更有力量扮演好家庭和社会中的各种角色!

07 必须始终保持谦虚

从脑科学角度来看,人眼所能感知的光波波长在380纳米至780纳米,超出此范围的光谱对人类来说是不可见的;从物理学角度来看,人眼的视角极限大约为垂直方向150度,水平方向230度,而在集中注意力时,视角会缩小至约25度;从心理学角度来看,人眼所看到的世界是内心世界的主观投射,千差万别,评价各异。

当人类认识到从身体到心理认识事物的局限性后,是否会对世间万物更加敬畏?正如古希腊哲学家苏格拉底所说:"我唯一知道的就是我一无所知!"东方思想家庄子在《内篇·养生》中也说:"吾生也有涯,而知也无涯。"可见,这些伟大的先哲都不敢自诩能洞察万物,而是时刻审视自己,那我们现代人又怎能傲视万物呢?因此,保持谦虚之心是多么重要!

人生来就是一张白纸,带着本能的潜意识融入世界,通过"经历"在这张白纸上描绘自己的人生。每个人所读过的书、走过的路、做过的事、遇到过的人都是"经历"的总和,都会凝聚成印记留在这张白纸上。人的成长就是由这些印记构成的,色彩斑斓的印记构成了丰富多彩的人生,每个人的人生不同,看到的风景也就不尽相同。

孔子说："三十而立，四十而不惑，五十而知天命，六十而耳顺，七十而从心所欲，不逾矩。"这表明人成长的过程就是不断摆脱执念、开阔心胸、接纳他人的过程。

但在现实中，我们也看到很多人的成长只是增加了年龄，心智并未提高。他们爱标榜自己，贬低他人，不能接受反对意见，这样的人缺乏谦虚之心，他们不知道自己的见识只是基于个人经历而已！

拥有"谦虚之心"的人则相反。他们内心平和，时刻意识到自己认知的局限性，有强烈的求知欲，渴望认知升级，拥抱变化，视不同观点为成长的机会，愿意探索新领域。他们谦逊地对待身边的人和事，虚心求教，不断拓宽认知边界，像海绵一样不断学习和成长。

同时，他们敬畏人际关系，具有同理心，让自己成为对他人有价值的人，重视他人感受。因此，这样谦和的人会让周围的人感到更舒适，就能够吸引更多资源，获得更多机会。而且，这样的人内心丰盈，人际关系和谐，幸福指数也会更高！

所以，认识自己的局限性是一种智慧，保持谦虚之心是一种美德，利他又利己。每个人都应该保护好自己的谦虚之心，营造一个谦虚的社交环境！

08 把利他之心作为判断基准

《道德经》中讲道:"上善若水,水善利万物而不争,处众人之所恶,故几于道。"这句话的意思是,最高的善行就像水一样,水能够滋养万物而不与任何事物争夺,它安于处在众人所不喜欢的低洼之地,因此水的德行最接近"道"的本质。这启示我们,人应像水一样,保持谦逊、无私和柔和的品性,顺应自然,随遇而安地生活在这个世界上。换句话说,人生经营要"积善行,思利他",要将"利他之心"作为判断和行动的基准,要拥有水一般的经营智慧!

人与动物的最大区别在于,人不仅是群居动物,更重要的是,人能够创建丰富多彩的社会关系,如家庭、企业和国家的关系。因此,我们常说人是社会的产物,为"关系"而生。我们应该意识到,人的日常活动是通过经营各种关系来进行价值交换,从而提升个人生命状态。在现实中,人生漫长,一生中会面临无数关于"关系"的决策。

那么,在决策时,应该遵循什么样的"判断标准"呢?其核心就是要把利他之心作为判断标准。因为只有实践"利他主义",将其作为判断事物的标准,关系才可能持久,才可能实现持久的价值交换,从而获得利益。由此可见,"利他主义"背后实际上隐藏着"利己主义"的逻辑。所谓"舍得",表面上是"舍",实质上是"得"。

因此,在做决策时,要抓住核心,始终坚持"利他主义",不被表面的诱惑左右。如果能做到这一点,人的心胸将变得更加宽广,也就能活出更加精彩的生命状态!

"利他主义"是一种积极的价值观。在我们很小的时候,父母和老师就教导我们要乐于助人。但在现实中,由于人天生趋利避害的心理,在面对眼前看似不劳而获或急功近利的机会时,很多人往往会迷失方向,甚至不惜以牺牲他人利益为代价来获取自己想要的东西。我们必须认识到,人生是一场马拉松,短暂的"获得"并不意味着长久的"拥有"。

如果我们不能控制自己的贪婪,最终可能会失足长恨。因此,人生中有些"禁果"是警示,是绝对不能触碰的。那么,作为个体,我们应该如何抵御这种原始的"贪念",而实践"利他主义"呢?首先,我们需要判断个人的"能力"是否与"所得"相匹配,是否坚持了"一分汗水一分收获"的价值观;其次,我们需要评估"所得"背后是依靠实力还是运气;再次,我们需要考察"所得"背后是否有一套稳定持续的运行系统在作支撑;最后,我们需要判断"所得"背后是否符合因果律。如果面对的"所得"并不符合持续发展的观念,而只是一时的运气或算计,那么这样的"所得"就应该被果断放弃!

那么，什么是"利他之心"呢？在我们运用它时，是否需要考虑其适用的场景和边界？是否所有取悦对方的考虑都是"利他之心"的体现？是否所有的"利他"行为都是真正的"善"？这些问题都需要我们深入思考。在实践"利他之心"时，我们需要拉长时间线，提高思考的维度，站在更宽广的视野中去权衡"为"与"不为"。

例如，我们需要思考，我们的行为对"他"的当前和未来意味着什么？对"他"所处的环境又意味着什么？我们能否帮助"他"解决核心问题？这是短期的"小善"，还是长期的"大恶"？是长期的"大善"，还是短期的"小恶"？实际上，有些眼前的"善"可能只是"伪善"，我们对他人的"好"实际上也可能是一种"害"。真正的"大善"应该是帮助"他"在心智和专业上得到提升，而不仅仅是提供表面的小恩小惠。在心智上，我们应该帮助"他"提高对自我和环境的洞察力，理解事物的运行规律，找到自己的生态位，与系统同步成长；在专业上，我们应该帮助"他"提升解决问题的能力和智慧，增强"他"的核心竞争力。因此，我们需要明白，"小善可能是恶，大善才是德"，只有"大善"之人才是真正的利他者！

因此，当我们将"利他之心"作为判断和行动的基准后，我们在做事时的信念将更加坚定，行为也将更加果断。我们将获得更多人的信任，创造更多的机会，建立更持久的合作关系；我们将更加理解长期主义，学会延迟满足，以平常心面对挑战和诱惑；我们也将更加理性地洞察事务，把握本质，不被表象迷惑，是多么的重要！

本章小结:

在我们的人生中,心性是支撑我们不断前行的力量,而这种力量的来源便是"意义"。当我们拥有使命感与责任感时,人生才会充满光彩与动力。这种内在的力量是我们在面对人生的起伏时,能够坚持自我、追寻更高目标的根源。而提高心性,就是不断净化自己心灵的过程。通过抵御诱惑、克服困境,我们将成为一个更加正直、善良、诚信、谦虚、知足的人,最终获得更有意义的生活。

与此同时,与"宇宙的意志"相协调,是我们实现个人成长和超越的关键。宇宙的诞生、发展和膨胀揭示了生命不断演化和创新的自然法则,而我们作为人类的一部分,应该追随这一发展动力,勇敢地拥抱变化,与时代的进步同行。宇宙的意志、自然的选择与人类的进步相辅相成,而每一个人也都应该在个人的发展中保持与宇宙相呼应的心态和视野,才能达到"天人合一"的和谐境地。

爱、真诚及和谐之心所呈现的美德,不仅是我们人际交往的基石,更是我们内在成长的动力源泉。通过深刻理解并实践这些美德,我们不仅能为他人带去快乐与和谐,也能反过来提升自身的精神世界。而拥有纯洁的心灵和坦诚的态度,能让我们在面对人生中的错误与挑战时,保持清醒与勇气,进而获得真正的成长。通过不断修炼内心、塑造心性,我们将能够在复杂多变的世界中找到属于自己的位置,实现自我超越,并为他人和社会创造更多的价值与幸福。

第二章

保持乐观，尽心尽力

01 保持乐观开朗

"在刺激与回应之间,人有选择的自由",这是犹太人维克多·弗兰克尔(Viktor Frankl)在被关进德国纳粹死亡集中营期间的内心独白。靠着对自由的向往,他忍辱负重,最终成为少数幸存者之一。

人生短短数十载,面对挑战,笑也是一天,哭也是一天。我们可能无法选择遭遇的困难,但至少可以选择面对困难时的感受。因此,无论人的起点有多低,处境有多窘迫,只要"心"还在,"感受"还在,我们就有资格观照自己,去选择做一个乐观开朗的人!

保持乐观开朗首先要有积极的人生观,要朝气蓬勃,懂得奋斗。因为只有保持乐观开朗,不断奋斗,才能够把握人生的节奏,获得智慧和身心的自由。人在不同的年龄阶段会有不同的收获:20岁学会成熟,30岁学会经验,40岁学会智慧,50岁学会包容,这是心智成长的自然过程。心智的培养需要经历挫折,这与拥有多少财富、权力和资源没有本质关系,每个人都会经历。

当然,有人会选择主动面对挫折,也有人会选择被动接受,前者是命运的主宰者,后者是命运的顺从者。

那为什么会有截然不同的选择结果呢？因为主宰者喜欢积极奋斗，而顺从者喜欢消极安逸。积极奋斗的人怀有"我命由我"的信念，他们乐观开朗，思维活跃，主动拥抱环境，越挫越勇，他们感恩生命的馈赠；而消极安逸的人怀有"我命由天"的信念，他们圈子封闭，思维停滞，逃避责任，总埋怨命运的不公。

在现实中，我们也会发现，那些沉溺于消极安逸的人，一生都很难成熟，更不用说获得人生的经验、智慧和包容了，他们成为人们常说的"妈宝男"和"妈宝女"，停留在单一的角色里，虽"自在"但没有意志。这样的人，如果到了五六十岁，回首相望，人生路上会是多么凄凉？

相反，积极奋斗的人，他们乐观开朗，挫折的磨炼让他们内心更强大，他们担当着人生的各种角色，随着年龄的增长，蓦然回首，灯火阑珊，何等惬意？

那为什么还是有人选择悲观"躺平"，不选择乐观进取呢？那是因为悲观"躺平"可以不劳神劳力，就能获得多巴胺带来的短暂欢愉，而乐观进取则需要付出努力，达成目标后才能获得内啡肽带来的持久欢愉。

多巴胺依赖外在刺激，内啡肽则源于内在驱动，两种不同的反馈机制，塑造出两种不同的人生命运：一种是及时享乐，一种是延迟满足。人生不是短跑，而是一场马拉松，被划分为多段目标，每一段都为下一段储备能量，不是原地踏步而是持续前行。如何选择？不是看当下的一时欢愉，而是要放眼长远，在20岁、30岁、40岁、50岁……每一段回首时，都能做到心意满满，不曾后悔。这才是人生该有的样子！

所以，悲观者可能正确，但只有乐观者才有希望。人是为希望而活，希望给人带来前进的勇气。相信，保持乐观开朗，即使前途暂时黯淡，但只要一路向前，就会有更多看到光明的机会！

02 贯彻完美主义

贯彻完美主义是一种优秀的思维方式，它反映的是一个人做事的态度，这是成功人士必备的特质。因为贯彻完美主义，做事的专注度会更高，更易及时发现问题和解决问题；因为贯彻完美主义，更易磨砺人的毅力和韧性，在潜移默化中，能力也会得到快速提升；因为贯彻完美主义，会让人感到更可靠，会得到更多机会的青睐。所以贯彻完美主义是养成良好工作思维和工作习惯的最好方式，它能够塑造人的性格，影响人的行为，从而改变人的命运！

那么在现实中，如何来贯彻完美主义呢？首先要理解完美主义，虽然我们谈到完美主义的种种优点，但如果不考虑其运用场景，而是一味地全盘接受，反而会制约人和组织的发展！

以个体成长为例。美国哈佛大学发展心理学家霍华德·加德纳提出多元智力理论，他认为智力的内涵是多元的，包括语言、数学逻辑、空间、身体运动、音乐、人际关系、自我认知和自然认知（见图2-1）。

```
           语言                          数学逻辑

           空间                          身体运动
                    多元智力理论
           音乐                          人际关系

          自我认知                       自然认知
```

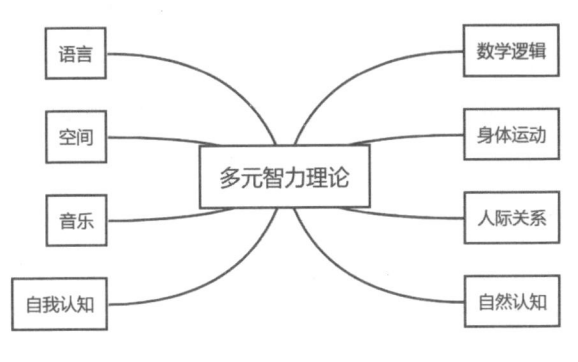

图2-1　多元智力理论

这八项智力，按照权重相互组合，就可以培养出各行各业的人才。这就如色彩三原色理论，虽然只有红、绿、蓝，但可以勾勒出五彩斑斓的世界。所以在个体成长上，父母就不能用完美主义的心态紧盯某一个指标，而是要多元分析。

以互联网和服务行业为例。它们之所以能够有今天日新月异的发展，就是因为遵循了"小步迭代，快速试错"的原则。这些行业，由于"门槛"不高，后来者看到利益空间就会蜂拥而至，极易模仿，针对它们做产品，"完美就是更好的敌人"，唯有一路奔跑，抢占市场，加速更新，方能赢得生存空间。这些行业，在产品上就算有一个完美的蓝图，但由于资源上的"瓶颈"，最佳选择也不是等待产品完美后再推向市场，而是要在研发的路上通过不断迭代去追求完美！

最后，以重资产、高科技项目为例。如发射卫星、运营大型活动或医药研发，就务必要坚决贯彻产品完美主义，不能有半点差池。因为这些项目成本巨大，失败的影响力难以承受，就必须要求产品在正式推出前，要做无数次的模拟测试，穷尽所有隐患，要将其视为艺术品来打磨！

所以，通过以上三个案例，我们就会发现，做人做事，在态度上要坚决贯彻完美主义，在产品上，要根据其属性，回归完美主义的现实性，做到审时度势！

03 自我燃烧

"自我燃烧"源自内在的动力,是"我命由我"的人生观,也是做人做事的一种态度。自我燃烧的人拥有清晰的使命和明确的目标,他们充满责任感;他们有着强烈的身份认同和强大的内心,具备完善的思维体系;他们还拥有近乎疯狂的热情,强大的执行力。因此,自我燃烧的人就像是自带发动机,不达目标绝不放弃!

为什么我们不选择"躺平",而要选择自我燃烧呢?因为生命起源于求生的欲望,自我燃烧正是这种求生本能的体现。根据达尔文的进化论,"物竞天择,适者生存",所有能够延续的物种都是自然选择的结果。以人类的智商为例,现代人的智商水平已经远远超过了我们的近亲黑猩猩,而且,现代人的智商与100年前的人相比,也有了巨大的提高。

因此,进化已经写进了人类的基因,它是生命延续的本能。选择"躺平"就意味着被淘汰,而选择自我燃烧则能获得生存的机会。在现实中,我们经常看到那些缺乏奋斗精神的个人或组织,随着时间的推移,他们逐渐失去了活力和竞争优势,最终要么被淘汰,要么被同化。

实际上，这种自我燃烧的进化思维不仅适用于地球生物，当我们从宇宙的视角审视星空时，也同样适用。宇宙中的万物都面临着各种能量的威胁，为了找到自己的存在模式，每个星系都在不断地膨胀和运动，宇宙的格局也从未固定过。所以，当我们用动态的视角来审视世间万物时，自我燃烧就是宇宙的力量，是万物生命的源泉，我们又怎能选择"躺平"。

在工作环境中，我们经常可以看到三种人：自燃型、可燃型和不燃型，这三种类型代表了不同的人生态度。自燃型的人遵循生物进化的原则，他们不断自我调整，站在金字塔的顶端，主导着生存的秩序；可燃型的人在组织中容易受从众心理的影响，他们可能倾向于自燃型，也可能倾向于不燃型，缺乏坚定的立场；不燃型的人则是组织中的消极因素，他们不思进取，侵蚀着组织文化。显然，为了组织的进化，我们必须支持自燃型的人，激发可燃型人的潜力，同时清除不燃型的人！

那么，一个人如何实现自我燃烧呢？首先，要明确自己的使命，创造自我价值；其次，要确立主人翁的态度，成为自己人生的主宰；再次，要建立一套信念和价值观，作为决策的指南针；最后，要制定一个执行系统，通过不断重复来养成习惯，塑造性格。当使命感、身份认同、信念体系和执行系统都建立起来后。接下来只要投入100%的热情和时间，遵循一万小时定律，不断训练思维和习惯，自我燃烧，长期坚持，离目标就会越来越近！

因此，8小时内求生存，8小时外谋发展。对大多数人来讲，一生大约有3万天，每天有24小时。在有限的生命中，唯有不断奔跑，自我燃烧，才能欣赏到世间美好的风景！

04 探究事物的本质

人类与动物的最大区别在于我们具有意志,能够研究和探究事物的本质,对未知充满好奇并勇于探索。因此,从古至今,"我是谁?我从哪里来?我要去哪里?"一直是永恒的哲学问题。即使古代信息量有限,人类也从未停止过对生命、死亡和宇宙的追问,我们一直试图在不确定的时空中寻找确定性,定义事物的意义。因为在浩瀚宇宙中,人类或许是孤独的,只有找到一定的确定性,我们才能适应自然选择,获得前进的勇气!

正是这种探究精神,让人类用智慧逐步解决了生存问题。在3000多年的文明史中,神学、哲学、科学和工程学推动着人类文明的进步,思想文明熠熠生辉,生产技术日新月异,城市规模日益扩大。如今,我们远离了饥饿、战争和瘟疫的困扰,人类历史也开启了新的篇章,这一切都源于探究事物本质的驱动力。

探究事物本质使人类更深刻地了解自己,对情感有了更开放的定义,也为人文科学奠定了基础;探究世界运行的规律,如牛顿的时空绝对论和爱因斯坦的时空相对论,让人类更加深刻地了解事物之间的关系,也为科学和工程学奠定了基础;探究组织的本质,重塑了世界观、人生观和价值观,让人类更加敬畏规则,也为商科和社会学科奠定了基础。学科的细分和蓬勃发展,使人类对世界有了更客观的认识,增强了安全感。从想象到理论再到实践,每一步都离不开探究本源的力量。新信息的加入和认知边界的拓宽,不断证伪的过程,也推动着人类文明的进步!

万物的运行都遵循其内在规律,我们看到的只是表象,而本质则隐藏在背后。伟大的艺术品表面简单,却以内在的复杂支撑,因此成熟往往是复杂的代价,探究本质是研究事物运行的核心竞争力。《教父》中说:"能一秒钟看透事物本质的人,和一辈子都看不清的人,注定有着截然不同的命运。"人与人的差距关键在于探究事物本质的能力。那我们如何培养这种能力呢?

丹尼尔·卡尼曼在《思考,快与慢》中提到,人的决策有两个系统:分别是系统①和系统②。系统①代表的是感性,是一刺激就会立马反应的决策模式;系统②代表的是理性,是一刺激就会调用质疑系统进行分析的决策模式(见图2-2)。

感性,是一刺激就会立马反应的决策模式

决策系统

理性,是一刺激就会调用质疑系统进行分析的决策模式

图2-2 人的决策系统

人与人最大的差距就在于，脑袋里经历了多少次系统②转化为系统①的训练，也就是理性转化为感性的训练，这就是我们常说的一万小时定律，要刻意练习。理性给大脑提供的是分析工具，感性是对工具的默认应用。假设一个人大脑里没有多少解决问题的理性工具，那这个人所做的感性决策就是空洞的，靠的是低认知的本能反应，那又怎么可能有能力看清事物本质呢？所以智慧的人，必定是理性与感性共存，将理性视为决策的底色，而将感性作为反应的界面，给人情感温暖的同时，也不失合乎情理的逻辑推理！

所以，探究事物的本质是人类进化的原动力，是人类独有的智能系统，是人与人之间拉开差距的关键所在。触摸本质解决问题，必将事半功倍！

05 认认真真地过好每一天

"认认真真地过好每一天"是一种非常朴实的经营哲学。它体现了人对过去、现在和未来的平和态度;体现了人在欲望和现实之间应该掌握的平衡点;也体现了既不骄傲自大又不自惭形秽的价值观。那如何理解"认认真真地过好每一天"呢?我们要懂得"知足""坦然""励志""习惯""过程"和"结果"就是"认认真真地过好每一天"的代名词,它们充分诠释了其背后的人生意义。

张爱玲在《红玫瑰与白玫瑰》中写道:"也许每一个男子全都有过这样的两个女人,至少两个。娶了红玫瑰,久而久之,红的变成了墙上的一抹蚊子血,白的还是'床前明月光';娶了白玫瑰,白的便是衣服上沾的一粒饭黏子,红的却是心口上一颗朱砂痣。"

我们会发现,在现实中,作为五毒之心的贪、嗔、痴、慢、疑,也往往迷惑着人的心智,让人对未来既充满期待又时常陷入迷惘,让人对当下既感受不到奋斗的意义,也感受不到热爱的价值,然后恍惚一生。那面对彷徨失措的未来和当下,应该如何过好当下的每一天,人生才有意义呢?

要追问人生的意义,我们必须首先明白什么是"人生"。人的一生由昨天、今天和明天构成。我们要明白,"昨天"是回忆,"明天"是希望,真正的人生就在今天。正是因为无数的今天成为昨天,变成经历,才书写了绚丽多彩的人生故事。生活也告诉我们,那些利欲熏心的人往往会被焦虑困扰,而只有简简单单的人才能悠然自得。

那我们要如何做,才能获得"悠然自得"的感受呢?关键是要做到认认真真地过好当下的每一天。要减少关注圈,扩大影响圈,懂得接纳自己,化解冲突,融入环境,做一个纯粹质朴的人;要有能力经营好自己美好的心灵感受,要有对各类关系"拿得起,放得下"的智慧,做一个豁达自由的人;要能够为梦想砥砺前行,又能够抵御诱惑,坚守初心,做一个"积善行,思利他",云淡风轻的人。

我们知道,人生最大的挑战就是面对梦想的压力。那认认真真地过好每一天的人,如何去面对梦想呢?首先,要明白梦想是人专注努力的方向,是人忙碌的意义,要相信"尽管去瞄准月亮,即使迷失也是落在星河之间";其次,要保持在当下灵活和开放的心态,在追梦的过程中,不过于执着结果,关键是要享受过程带来的充实感;最后,要懂得面对挑战时,目标和能力要匹配,欲望和现实要匹配,短期和长期利益要匹配,要让自己能够拥有张力去承载追梦的挑战。

所以,我们发现,不管用什么态度来面对人生,每一天都会过去,每一天也都会到来,人生的意义就在每一个当下。能够做到日拱一卒，功不唐捐，认认真真过好当下的人，才是拥有人生大智慧的人。他们能够做到砥砺前行，抵御诱惑；他们能够做到任凭"花开花落，云卷云舒"；他们也能够做到，关注内心，只做当下最好的自己。

本章小结：

在自我经营中，保持乐观是推动个人成长和实现目标的关键动力。真正的乐观不仅是积极的心态，更是深刻的认知和行动的支持。

首先，保持乐观的第一步是调整心态，学会选择积极的视角，看到挑战中的成长机会，培养对奋斗和成长的热爱，并用长远的视角应对眼前的困难。

其次，乐观源于深刻的认知和稳固的价值观，构建内在支持系统、理性与感性的平衡决策能力让我们在面对外部的不确定性时，能够保持内心的稳定与从容。

再次，乐观是一种体现在行为中的力量，通过点滴行动，经营每一天，专注于过程中的成长与收获，并通过不断实践塑造积极的性格与坚韧品质。

最后，追求梦想的过程本身就是乐观的源泉，通过每一次尽心尽力的选择与挑战，我们积累智慧，将行动赋予生命意义。最终，乐观不仅是一种心态调节，更是一种贯穿心态、准则、认知与行动的综合能力，成为推动我们不断前行的动力与方向。

第三章

知负责的苦，才懂尽责的趣

01 为伙伴尽力

众人拾柴火焰高。人是社会的产物，个体是组织的最小单元，只有当最小单元受益时，组织才能持续发展。人与动物最大的区别在于，人为了达到某一目的，能通过意志协调资源将想象变成现实。

也就是说，当人意识到所生存的环境复杂时，为了抵抗生存风险，就会抱团取暖，虚构"组织"，达成思想共识，共同抵御外敌。组织需要统一目标，分工协作，建立秩序，因此那些具有领袖特质的人就会被推崇为领导。为了获得信任，领导者必须树立目标，并承诺能够带领团队过上更好的生活。因此，组织的天职就是为伙伴尽力，这是领导者被称为"领导者"的前提，也是组织得以"存在"的必要条件。

宇宙、地球、国家、企业、家庭都是组织，资源互通，各组织之间既有合作也有竞争，利益关系相互嵌套。那么，人作为组织中的一员，应该以怎样的立场来对待组织间的"矛盾"呢？在错综复杂的关系面前，"矛盾"与"利益"又应该秉承怎样的判断标准呢？这时，符合人道主义的世界观、人生观和价值观就显得尤为重要了。价值观是指人在面对诱惑时如何选择，这是行为认同；人生观是指放眼未来，想成为什么样的人，这是身份认同；世界观是指跨越区域，能形成多大的社交圈，这是环境认同。

可见，人不仅是家庭的孩子，企业的孩子，还是国家的孩子，地球的孩子。随着关联组织的维度越来越高，所代表的利益也将越来越全局化，涉及需要平衡的伙伴关系也将越来越复杂。这时如何代表某一位伙伴的利益，为其尽力，就不能用非黑即白的标准来评判，而要引入全局观和发展观来权衡利弊。所以，当我们来定义"为伙伴尽力"时，站位的高低很重要。一楼站位看到的是眼前组织伙伴的利益，既单一又纯粹；而十楼站位看到的是相互嵌套的利益关系，既多元又复杂（见图3-1）。

图3-1 站位高低的不同

那为什么小组织要不断融入更大的组织？在封闭系统里独自安好，不行吗？这还真不行。热力学第二定律讲到"熵增"，即任何封闭系统，随着时间的推移，组织内部会越发混乱和低效，最后甚至瘫痪。要想摆脱这一窘境，唯一的方式就是要打破封闭性，融入更大的空间，在资源互通下，刺激当下，才能得以改善。所以，组织关系的权衡投射到伙伴们利益关系的权衡，都得突破自我局限性，站在持续发展观的前提下去思考。

那如何来权衡组织间的关系呢？亚当·斯密在《国富论》中提到，"市场有一只看不见的手，会自动进行社会资源优化配置，促进市场的进步"。各个组织之间的关系也是一样，遵循资源配置最优原则，也会有一只"看不见的手"会自动调整组织之间的关系。

这样，人也会随着组织的进化，找到自己在其中的生态位，不断升级自己的世界观、人生观和价值观，从"小我"升级成"大我"。组织让伙伴们了解事物发展的规律，又鞭策伙伴们跟上组织发展的节奏，这是企业真正为伙伴尽力地表现。

所以，为伙伴尽力，是每一位领导人思维和行动的出发点，这是形成集体凝聚力的道德准则。随着从小家到大家，影响力和责任感同步提升，伙伴们的生态位也将同步提升，收益也就会越来越多！

02 构建信赖关系

组织的凝聚力主要体现在物理特性和精神特性。物理特性是指个体身体在一起，精神特性是指个体精神在一起。面对诱惑，前者极易摧枯拉朽，后者却能坚如磐石。因此，精神特性比物理特性更加重要。要建设一个百年组织，抵御百年风雨，仅仅身体在一起，没有形成精神纽带，是很难跨越多个经济周期的。我们要知道，精神纽带之所以能够助力企业成为百年组织，是因为它要解决的是组织内部相互信赖的问题，而相互信赖才是企业得以长期发展的基础！

民族要有信仰，企业要有文化，人要有使命。信仰、文化和使命的内核就是相互信赖。因为有信赖，沟通共识更高效，众志成城，更易形成组织的目标文化；因为有信赖，凡事有交代，事事有回应，件件有着落，更易形成组织的靠谱文化；因为有信赖，财务公开透明，全员共同经营，更易形成组织的诚信文化。目标文化让企业有了利润，靠谱文化让企业有了团队，诚信文化让企业有了行稳致远。而要形成目标文化、靠谱文化和诚信文化，都离不开组织个体之间的相互信赖。只有相互信赖后，人心齐了，事情才能做好！

要构建组织相互信赖的关系，关键是要有强烈的同理心，做到知行合一。组织的发展一定会伴随着资源的匮乏，没有哪家优秀的企业是在资源充沛的条件下诞生的。面对资源不足，企业家是将有限的资源纳为己有享乐奢华，还是心系团队投入内核，这是两种截然不同的企业观。

在现实中，我们经常会看到很多优秀企业的领导者，都过着极简的生活，如乔布斯、稻盛和夫、任正非等。他们永远关注的是企业的发展问题，对企业的资源非常珍惜，做到清廉自守。正是因为他们的使命感和责任感远远大于个人欲望，做到积善行，思利他，所以这些企业家才能有更强、更纯粹的同理心去理解客户、理解员工和理解社会。当他们做到知行合一后，就能与客户、员工和社会建立起深厚的相互信赖关系。而在相互信赖的加持下，目标文化、靠谱文化和诚信文化也会不断升级，企业的抗风险能力也才能越来越强！

所以，企业构建相互信赖的关系，是多么重要。它是企业的精神纽带，它不仅将大家的心凝聚在一起，形成共识的企业文化，同时还能激发全员强烈的同理心，做到知行合一，心系客户、员工和社会，助力企业基业长青！

03 成为旋涡的中心

所谓旋涡，是指水流遇到阻力后，由于速度和方向的改变，围绕受阻点形成转动的现象。受作用力的影响，形成旋涡的地方力量感会更强，这种力量是肉眼可见的与众不同。今天我们所看到的壮丽山河，就离不开旋涡的作用。

将这一现象映射到组织发展中，旋涡同样具有异曲同工之妙。所有优秀的组织首先在竞争体系中就是一个大旋涡，同时组织内部也会形成众多的小旋涡。有旋涡的地方，就有蓬勃发展的力量，就能主动进化，形成核心竞争力。因此，无论是个体还是组织，都应努力成为旋涡的中心，勇往直前！

人类文明的发展离不开旋涡的力量。自从现代智人从东非大草原向世界各大洲迁徙开始，受气候、动植物、地理环境等因素的影响，就逐渐形成了各自的旋涡中心。这些中心以各洲文明古国的形式呈现，如古埃及文明、两河流域文明、古印度文明、中华文明、古希腊文明、古玛雅文明和安第斯文明等。

在这些文明中，受生存环境的限制，我们也会看到有些旋涡中心在不断扩大，对后世产生了深远的影响，如古埃及文明、两河流域文明、古印度文明和中华文明。这些文明被称为"世界四大文明古国",影响势力向四周蔓延。它们发明了宗教信仰、建立了统治阶级、建设了护卫军队、发展了工农商贸,成为历史车轮前行的旋涡中心,推动着人类文明的进步!

在历史上,许多名垂千古的人物也成了旋涡的中心。例如,苏格拉底为维护真理而赴死,接受雅典公民的审判;普罗米修斯违背神意,为人类盗取火种;圣雄甘地冒死坚守"非暴力不合作",争取印度的独立。他们是推动历史发展的孤勇者,激励着更多的人为真理、自由、独立而奋斗。因此,成为旋涡中心的人,是使命的捍卫者,是改革的先驱,他们愿意为更好的明天而鞠躬尽瘁;他们拥有全局观,代表的是集体的利益,而非个人的私欲;他们是责任的担当者,主动承担责任,面对艰难也临危不惧!

在企业中,我们也会发现,卓有成就的领导者往往也是那些主动奔赴旋涡中心的人。因为这样的人成长更快,可以获得更多的发展机会。那么,如何才能成为旋涡中心的人呢?首先,思想要与企业文化高度一致,深刻理解公司的战略,上传下达,主动捍卫企业的目标;其次,要积善行,思利他,在企业持续健康发展观的指导下,落地部门和个人的战略,在小家和大家之间找到平衡点;最后,当企业遇到挑战时,要主动承担责任,挑起大梁,成为组织改革的先锋,而不是逃避者。当一个人做到以上三点后,他就会自然成为组织的旋涡中心,获得更多的资源,未来的道路也将越来越宽广!

所以，有旋涡就有机会，就有能量可以爆发。智慧的人应主动拥抱旋涡，成为旋涡的中心，发挥旋涡的力量，从文化和行动上去影响更多的人！

04 率先垂范

散兵游勇的组织称为群体，众志成城的组织才称为团队。团队的形成离不开个体共同目标的驱动，而目标的实现一定离不开团队领导人的率先垂范。因此，领导者的率先垂范是组织中榜样的力量，也是组织文化的风向标，它赋予团队力量，鼓舞团队奋勇向前！

那"率先垂范"在团队的形成过程中扮演着什么角色呢？首先我们需要了解，团队的形成表面上看似解决个体的生存问题，实质上是解决社会的发展问题。因为，只有满足社会需求，团队形成组织后才能创造社会价值。在操作层面，领导者须具备敏锐的洞察力去发现社会需求，然后描绘组织在社会结构中的生态位，制定组织的发展蓝图，并将蓝图细化落实到组织成员中，最终通过领导者的率先垂范带领组织成员逐步实现目标！

那在企业文化的形成过程中，"率先垂范"又扮演着什么角色呢？企业文化是一个企业的指导纲领和决策行为标准，对企业共识系统的建设起着关键作用。企业文化的形成源自领导者的精神特质，包括他们的思维格局和行事作风。

在创业初期，资源匮乏，企业方向完全依靠领导者的信念系统。我们今天所见的功成名就的企业家，无一不是摸着石头过河的探险家。他们之所以能取得今天的成就，是因为他们拥有比常人更强的信念系统，对未来充满信心，全力以赴投入资源，率先垂范，从细微之处开始，与团队一起解决企业经营管理的种种问题。他们的思维格局和行事作风也影响着团队成员，逐渐塑造了企业文化！

那企业为何需要建立企业文化呢？在企业初期，信任系统脆弱，团队磨合不足，尚未形成共识的诚信系统、沟通系统和协作系统。这些系统是企业文化的基础，是企业健康持续发展的关键。其建立离不开领导者的率先垂范，因为只有领导者带领团队将诚信、沟通和协作内化于心、外化于行，才能将这些元素融入企业文化，实现全员共识，使企业更具生命力！

那创业初期的企业，创始人如何通过"率先垂范"带领团队建立共识系统呢？从0到1是为企业打底色的阶段，是建立规则的关键时期。建立共识系统需分三步进行：首先，以企业文化为引领，建立与组织成员相关的使命、愿景和价值观，并鼓励全员践行，激发精神力量；其次，以机制为引领，建立完善的经营管理顶层设计，制定规章，倡导契约精神和持续发展观；最后，打造组织自动化运行文化，在企业文化和顶层设计的保障下，提升组织的创新力和决策力，实现部门和个体的自然选择和主动进化。领导者只要率先垂范，执行以上三点，就能为企业的发展奠定长期主义的基石，获得竞争优势！

那当企业跨越到1后，领导者又应如何继续率先垂范？企业从0到1阶段主要解决内部问题。跨越到1后，随着内部结构体系的形成，成本结构迅速上升，竞争也更加激烈，接下来要面对的主要是外部问题。这时，领导者的视角将更多地转向外部，从外部获取企业发展的势能，如战略性合作、公众影响力、战略性经营决策等。这一阶段对领导者提出了更高的要求，不再仅仅是勤奋，更多的是对智慧和认知决策力的较量！

因此，作为企业的领导者，无论企业处于哪个发展阶段，率先垂范对组织的发展都至关重要，它体现了all in（全力以赴）的做事态度，是企业发展的生命力！

05 把自己逼入绝境

在现实中，我们常听到"要活出自己""要走自己的路"的说法。但说这些话的人，是否真的已经理解了"何谓活出自己""何谓走自己的路"？人的一生由走过的路、看过的书、遇过的人和做过的事构成。人作为社会的产物，要有包容性才能过好一生。从出生到离世，与我们相关的人和事构成了我们的经历。无论起点如何，主动或被动，都会经历人生道场的洗礼，有欣喜，也有困境，无人能置身事外。面对人生的不确定性，选择主动拥抱还是被动承受，体现了两种不同的人生观！

在现实中，真正活出自己、走自己路的人并不多。许多人懂得道理，却仍过不好一生。这背后的原因是什么？因为大多数人趋利避害，好逸恶劳，明知有更好选择却迈不出脚步。命运有时就会捉弄人，给人一种占便宜而未被发现的错觉，但游戏终将结束！

扪心自问，又有多少人真正活出了自己，走的路是自己想走的呢？人生的意义是什么，又有多少人真正懂得？从整个人生来看，凡是活过人类平均寿命的人，命运对他们都是公平的，他们都没有资格抱怨命运不公。

人生的起点可能不同，但生活是多维度的，起点不决定终点，也不会剥夺人选择的权利，我们需要有"我命由我不由天"的勇气。面对成长、成家、立业、生子等多段人生，以及原生家庭、新建家庭、职场同事、社交圈子的复杂关系，能否活出自己，走上自己喜欢的路，关键在于每个阶段的能力和心智是否能匹配？这不是起点的优势所能决定的，而是需要一生的成长智慧！

人生的命题需要自己化解。父母的责任是把我们带到这个世界，但他们的权力和财富不能帮我们过一生，我们必须自己面对。要有养家糊口的职业、处理复杂关系的能力、安顿内心的智慧。这些人生哲学问题都需要亲身经历，只有身处其中，让"经历"流淌内心，才能真正理解其中的滋味，才能在人生路上更加笃定地活出自己，走自己的路！

既然我们知道人生的命题只能靠自己去经历和化解，那我们该如何应对呢？面对经历，我们通常有两种选择：被动经历和主动经历。被动经历的人是散点思维，往往是后置应对问题，对不确定性产生恐惧，试图逃避，这样的人往往不自觉地将自己置于绝境，前途黯淡；而主动经历的人具有系统思维，前置预防问题，将不确定性转化为确定性，深知人生的难题无法躲避，他们主动将自己置于绝境，磨砺心智，使人生路越走越宽。两种选择塑造了不同的命运。

既然人生难免绝境，为何不主动将自己逼入绝境呢？因为只有主动才能获得解脱，而被动会让人一直陷入困境。这是一个简单的

第三章
知负责的苦，才懂尽责的趣

道理，但现实中许多人却选择被动承受，所以难以活出自己！

人生如何，选择权在自己手中。人生是一个不断解题的过程，每个阶段都有其任务。如果错失了该阶段应做的事情，人生将付出更大的代价。青少年时要有人教，20多岁时要有人带，30多岁时要有人用，40多岁时要有人捧，50多岁时要有人跟，60多岁时要有人敬。

每个阶段都有不同的人生故事。

人生最大的遗憾是到了晚年，回首发现生命荒废、关系破裂、事业凄凉。人生的美好来自苦尽甘来，面对新挑战时，要主动将自己置于艰难之中，逼入绝境，主动经历，从每一个挑战中汲取人生的智慧，作为迎接下一个挑战的准备。"伤口是阳光照射进来的地方"，既然美好与艰难是孪生关系，为何不主动拥抱，踩对人生节奏，做难而正确的事情呢？

把自己逼入绝境，这不是贬义，而是人生的处世智慧。每个人的人生难题只能自己去解决。有一句话说"长痛不如短痛"，既然旁观者难以感受生命的美好，为何不将自己逼入绝境，全身心去经历、破解、感受生命的突围之美呢？

本章小结：

　　领导者经营的核心在于以责任为纽带，通过信赖，构建团队凝聚力和组织文化，推动个人与集体的共同发展。作为旋涡的中心，领导者需站在全局高度，平衡集体与个体利益，以身作则，率先垂范，推动企业从0到1、从1到N的成长。面对挑战，领导者应主动承担责任，将困难视为积累智慧与能力的契机，用行动和智慧引领团队突破自我，实现更高价值。

第四章

绝知此事要躬行

01 认真努力，埋头苦干

人生就如攀岩，仰望目标，脚踏实地，步步攀登，就是为了能够跨越更多的阶梯，到达顶峰，看到更远的风景。如果你生来含着金汤匙，起点高，不代表就一定能到达顶峰；如果你生来含着铁汤匙，起点低，也不代表就一定不能到达顶峰。在人生攀岩的过程中，外部资源很重要，但内在的强大才是关键。

如果一个人内在驱动力不足，毅力不够，那就算外部资源再好，也难以利用。相反，如果一个人起点极低，即使没有良好的外部资源，但有强烈的进取心，认真努力，埋头苦干，也能够后来居上，到达顶峰。所以起点不代表终点，人生的意义就在于向前的每一步体验，一步因，一步果，步步都算数！

人生数十载，不仅要面临外部经济周期的洗礼，还要面临个人生命周期的挑战，一生都在与不确定性为伴。当下的"拥有"不代表一生的筹码，唯有认真努力、埋头苦干，提升自己的能力，才能更有底气抵御风险。面对挑战，是期许命运的眷顾向外求，还是做命运的主宰者向内求，这是两种截然不同的人生观。前者只会自欺欺人，伤人伤己，而后者却能够点亮自己，照亮他人！

所以人生漫漫，如何过好一生呢？罗曼·罗兰说："世界上只有一种真正的英雄主义，那就是认清生活的真相后，依然热爱生活。"所以不管你身处顺境还是逆境，只要对人生充满敬畏，保持平和心态，做到自足，不依赖外物，一路向前，就一定能够逢凶化吉，遇到更好的自己。这就是认真努力，埋头苦干的意义所在！

那如何做到认真努力，埋头苦干呢？首先态度要正确，其次行动要跟上，要做到知行合一。

近代著名学者王国维在《人间词话》中说道：

古今之成大事业、大学问者，必经过三种之境界。

第一境界：昨夜西风凋碧树，独上高楼，望尽天涯路。

第二境界：衣带渐宽终不悔，为伊消得人憔悴。

第三境界：众里寻他千百度，蓦然回首，那人却在，灯火阑珊处。

第一境界是"看山是山"的场景，对未来充满信心，心旷神怡，一切都是那么美好；第二境界是"看山不是山"的场景，当躬身入局后，才发现生活一地鸡毛，感受到理想的丰满、现实的骨感，被"磨"得身心疲惫；第三境界是"看山还是山"的场景，当历经磨难后，心智更成熟了，更有力量包容欲望和现实了，更懂得珍惜当下了，这时才发现原来人生的美好一直在，只是自己过去没有懂得欣赏而已，生活本该如此。

可见，不管是做人还是做事，从知道到做到总是相差十万八千里，第二境界中要秉承的"认真努力、埋头苦干"是务实的阶段，人只有经历在事上练，在心上磨，跨越第二境界后，才能到达人生的第三境界！

所以，只有通过"认真努力、埋头苦干"，人生才能获得智慧。人年轻时要有儒家入世的"鲲鹏之志"，到了中年时，要有道家处世的"上善若水"，到了晚年时，要有佛家归一的"万事皆空"。多段人生，多个故事，仰望星空，脚踏实地，拥有复利人生！

02 脚踏实地,坚持不懈

"脚踏实地,坚持不懈"是非常重要的一种人生态度和做事方法。它看似笨拙,却是一个人能够持续成功的"不二法门"。因为成功不是逞个人一时之勇,而是面对局势变化时,能否融合天时、地利和人和,这是一个系统工程,考验的不仅是个人的聪明才智,还有对复杂环境的调和度。这时,拥有脚踏实地和坚持不懈的心力就显得尤为重要了!

聪明才智可以来自天赋和资源,但心力只能靠个人经历来淬炼。心力是汗水和精力的结晶,背后是夜以继日的脚踏实地和坚持不懈。人要做成一件事情,心、脑、行都要跟上(见图4-1)。

图4-1 心、脑、行合一

心是使命感，是支撑前行的力量，是动力系统；脑是愿景，是解决问题的思维方式，是能力系统；行是价值观，是达成目标的行动纲领，是执行系统。动力系统、能力系统和执行系统是做成一件事情的铁三角，缺一不可。我们要知道，脑决定能力系统，可以依靠聪明才智，但只有心和行才能决定动力系统和执行系统，只能依靠心力。所以，仅仅靠聪明才智是很难成功的！

人们常说"时势造英雄"，如果是时代的弄潮儿，是否就可以不需要脚踏实地和坚持不懈呢？当然不是，因为就算顺势而起，赶上了时代的红利，但总有退潮的时候。其实，大多数人的一生都有过红利期，都被命运关照过，只是由于对待的方式不同，从而造就了不同的人生态势。

有的人不骄不躁，勤勉好学，储备势能，寻求突围；而有的人却骄奢享乐，透支红利，故步自封、安于现状。前者励精图治，有着危机意识，利用红利期乘势而上，发展内核，将运气转化为规律；而后者却好逸恶劳，挥金如土，思想封闭，温水煮青蛙而不自知，待资源殆尽，就会被迫退局。所以，每个人都有机会当时代的宠儿，关键是当身居浪潮之巅时，是否能做到穿越红利周期？是否能做到，不管人生沉浮几何，都能脚踏实地和坚持不懈？

在现实中，我们还会看到一些急功近利之人，他们透支着自己的聪慧和运气，做着投机倒把的事情。他们把自己包装得富丽堂皇，到处招摇撞骗，聚敛钱财。他们的战略是海市蜃楼，他们的战术是击鼓传花。事实上，当泡沫破灭后，那些少流的汗水都会被置换成一生的伤痛！

所以，脚踏实地，坚持不懈，看似是笨功夫，却是大智慧。世间万物必有其规律，慢就是快，缘木求鱼的结果，只会事与愿违！

03 在相扑台中心发力

相扑是日本的国技，是一种非常古老的竞技体育运动。所谓"在相扑台中心发力"通常指的是在相扑比赛中，选手在土表（相扑比赛的圆形擂台）的中心区域使用力量和技巧来攻击或推挤对手。因此，"在相扑台中心发力"象征着在完成一个项目时，既要在战略资源上留有余地，又要在战略上聚焦核心点，要将有限的资源集中投入关键节点，以防御风险。这对我们在经营人生和企业上都具有重要的启发意义！

经营的本质在于资源的有效配置。然而，资源是有限的，如何创造和使用资源体现了经营的智慧。资源的获取主要通过自我创造和外部借用，关键在于自身必须足够强大，正如"花若盛开，蝴蝶自来"；资源的使用应围绕战略，聚焦核心点，环环相扣，核心是要在战略资源上留有余地，以抵御风险，正所谓"不谋全局者，不足谋一域"！

以经营人生为例。如何经营好人生是人一生的命题。对于大多数人来说，每天都是24小时，一生大约3万天。人一生的成长是在欲望和现实之间不断寻找平衡，追逐幸福。对个人而言，最安全且最易获得幸福的发展方式是年龄、修养、能力、财富和地位同步提升。

否则，即使财富和地位一夜暴涨，最终也可能因修养和能力的不足而跌落云端。因此，人生获取资源要有节奏，使用资源也要有节奏。经营人生，"把握成长节奏"是战略聚焦点，"抵御诱惑"则是留余精神的体现！

经营企业和经营人生同理。企业的发展同样有其节奏，资源的调用也应秉承长期发展观，避免过度透支。企业应做到战略聚焦，根据发展节奏，将有限的资源集中投入关键问题上，稳步推进。不应为了面子而损害内在价值，避免将企业置于困境。

例如，需要判断企业的扩张速度是否与企业内核的成长速度相匹配；企业的现金流在未来是否能覆盖发展所需的风险；企业的资源投入是否与战略聚焦相匹配。因此，经营企业与经营人生一样，都需要对资源保持敬畏之心，具备资源聚焦意识和留余精神。

以人的身体为例来说明"聚焦供给"和"留余"的重要性。人在睡眠或休息时，心脏的输出血量每分钟3~5升。但在跑步或游泳时，心脏能在1分钟内泵出约20升血液，是休息时的五六倍。经过训练的运动员心脏更为强大，每分钟输出的血液量可达30~35升，甚至超过40升。这表明心脏的承载能力留有余地，为生命面对更高挑战提供了可能。同样，人的肺、肾脏、胃、胆囊、脾脏、胰腺、大肠小肠、睾丸、阑尾等器官，在万不得已的情况下，即使部分切除或功能受损，也不会立即威胁生命。这使身体功能留有余地，为抵抗风险提供了可能。

此外，人的精神意志在安逸环境中可能显得懒散，但在环境剧烈变化、面临困境时，生存技能也会被激发，发生巨大变化。这是意志潜能留有余地，为生命重生提供了可能。从这些例子中我们可以看出，作为生物体的人，要抵御异常，必须在资源上留有余地，并定向供给，以应对风险。留余的精神在关键时刻甚至能够救命！

在这个世界上，没有哪种物态能一直保持指数级增长。如果把时间线拉长，大多数物态呈现波浪形变化，而优秀的物态则呈S形循环上升。从增长曲线来看，资源是有限的，战略决策的关键在于将有限的资源集中投入关键点发力，并为发展系上留余的安全绳索！

因此，无论是经营人生还是企业，在发展过程中，都需要不断提升自我势能，吸引更多资源以提升外部势能，实现"内部掌控，外部影响"的经营境界。智慧的经营者应牢记，在经营决策上一定要遵循"能量守恒定律"，在对待资源的态度上，一定要有"留余"精神！

04 实践重于知识

对"真理"的探索,一直是古今中外哲人们毕生追求的方向。无论是东方还是西方,都不约而同地在轴心时代诞生了许多深邃的思想,为近300多年人类文明的发展奠定了坚实的基础。在东方,有老子的"天人合一",孔子的"仁义礼智信",也有佛陀的"缘起性空";在西方,有柏拉图的"理念世界观",也有亚里士多德的"实践理性观"。随着文字的发展和印刷技术的改进,这些伟大的思想沉淀成知识,以"书籍"为载体,在社会各阶层广泛流传。

知识的流传激发了更多的思想家在前人的基础上继续深入思考人与人、人与社会、人与世界的关系。近现代颠覆性的思想创新,掀起的人文主义热潮,使被压迫阶级更敢于挑战专制权威。他们发起的文艺复兴、科学革命、宗教改革,以及后来各国的一系列民族革命,都不断推动着世界各地的政治和经济贸易改革。与此同时,人类的生存结构也在此过程中被不断重塑,才有了今天我们看到的世界。而我们所看到的世界大变局的背后,都离不开"知识"运用于"实践"的推动。

知识对我们今天的生活影响如此之大,那知识是如何形成的呢？知识的形成主要源于理性主义和经验主义，其对应两种科学研究方法：演绎推理法和归纳总结法。所谓演绎推理法，就是通过精密逻辑思维从简单的公理出发，去探索未知，形成知识。如欧几里得的几何公理、牛顿的F=ma、爱因斯坦的$E=mc^2$等，这种通过"统一论"去研究物质关系的方式就是演绎推理法。我们今天所看到的颠覆性革命背后的支撑方法论主要也来自演绎推理法。

所谓归纳总结法，主要是指通过实验观察将经验沉淀，探索规律，形成知识论的过程。归纳总结法可以在原有模式上创新迭代，举一反三。我们今天所看到的很多迭代性的新发明，如瓦特改良蒸汽机、莱特兄弟发明飞机、牛顿的相对时空论等，都是源于前人的经验启发。

在现实中，演绎推理法和归纳总结法并不是二元对立的，而是一个成熟的科学家形成知识必备的两个研究工具。也就是说，在今天，理性主义和经验主义是科学家们必备的两种思维方式，它们的结合拓宽了获得知识的边界，也让我们看到了知识改变世界的力量。

回到人类文明的轴心时代，我们会发现，中华文明主要可以追溯到先秦时代，西方文明主要可以追溯到古希腊时代。而近现代300多年人类文明飞速发展的理论支撑起源点，也主要来自轴心时代所奠定的文化基础。

以此我们不难发现，虽然理论体系早在2500多年前就已经形成，但真正让人类物质和精神受益，解决人类生存和发展的问题却是在近300多年的时间。可见知识的形成只是一方面，关键是知识要应用于实践。具体表现为将哲学科学化，将科学工程化，将工程商业化。正是因为人类通过将知识转化为工程和商业后，才算真正将知识转化为实践，缔造了今天我们所看到的世界。

回到个体的成长，知识的获取也离不开演绎推理法和归纳总结法的结合。我们个体的成长既需要通过逻辑推理形成一套个体解决问题的理论思考工具，如心智体系和专业体系，也需要通过经历形成经验，在行为中不断归纳总结，以此来升级自己的理论体系，如因果归纳法、类比归纳法和统计归纳法等。

随着知识面的拓宽，个体如果想要逐步满足自己的生理需求、安全需求、社会需求、尊重需求以及自我实现的需求，那就需要将已经形成的理论体系通过刻意练习转化为实践，而获得成果。

所以，实践重于知识，不管从人类文明发展的宏观上，还是从个体进步的微观上，都同等受用。人类文明的知识也好，个体脑中的知识也好，不管表面看起来是多么完美，它也仅仅存在于理论想象上。真正要起作用，关键还是要通过科学的方法不断获取知识，然后运用于实践，不断地去解决现实中实实在在存在的问题。这样知识才能被传承，才能被迭代，人类和个人的发展也才能充满活力。

05 乐观构思、悲观计划、乐观实行

悲观者永远正确,但乐观者才能成功。"正确"在于分析得有道理,"成功"在于执行得很漂亮。成功的人拥有均衡的人格,他们能做到"乐观地构思、悲观地计划和乐观地实行"。

"构思阶段"代表的是一个人的想象力,是伟大梦想召唤的地方,是实现目标的动力源。

"计划阶段"代表的是一个人的分析能力,是风险把控的关键步骤,是实现目标的弹药库。

"实行阶段"代表的是一个人的执行力,是排除万难的魄力,是实现目标的轨迹。乐观时,敢于天马行空,纯粹、天真,甚至偏执;悲观时,敢于挑战权威,质疑、周密,甚至推翻。可见,面对事业的不同阶段,所需要的心态是不一样的。

所有伟大的梦想都源自乐观的构思。优秀的人最大的特质就是能够创造新事物。因此,只有乐观的构思,才能拓宽人的想象边界,创造出无限的可能。我们今天所看到的所有伟大的"存在",哪个背后没有蕴藏着伟大的构思呢?如果在起点时,没有足够乐观开放的心态,又怎么可能在后来呈现出如此绚烂的成果呢?伟大思想的产生如此,伟大科技的发明如此,伟大企业的诞生也是如此。这既让人欣喜,又让人敬畏!

同时,我们要明白,构思虽然伟大,现实却很骨感。在通往伟大梦想的路上,能够坚持到底的人又有几个?有多少人被现实打击得遍体鳞伤,最终被拍倒在沙滩上。俗话说,"创业就是九死一生",很多伟大的构思,不仅蕴藏着机会,同时也隐藏着巨大的风险,一不留神,就可能是万丈深渊。这背后考验的是奋斗者沉着冷静的智慧。所以,悲观的计划是乐观构思的强有力补充,是硬币的正反两面,缺一不可。而要做到悲观的计划,关键是要提升自己的洞察力,不盲目乐观,要尽可能穷尽风险,制定防范措施,接纳不同意见,把风险控制在可承受的范围内。

当"构思"和"计划"都具备后,关键就要看"实行"了。"构思"和"计划"是操作系统的后台程序,是隐性的;"实行"是操作系统的界面,是显性的。在现实中,往往隐性决定显性,复杂的后台程序是为了界面的简洁纯粹。所以,在实行阶段,就要"简单、相信、照做",要有执行到底的信念。如果在这个阶段,信念不坚定,团队氛围负面,那么再完美的计划都可能流产;但如果大家众志成城,齐心协力,那么就算不够完美的计划,也会执行得很漂亮。

在现实中,我们会发现,一个成功的组织往往是乐观派和悲观派的组合。乐观派不断地给人新希望、力量,燃起团队的斗志;而悲观派更多的是质疑、冷静、思考和补充（见图4-2）。那组织如何融合好两者的关系，给组织的发展找到最优解呢？

乐观派	悲观派
新希望	质疑
燃起斗志	冷静
给人力量	思考和补充

图4-2 成功的组织是乐观派和悲观派的组合

首先，乐观是组织领导的最优特质，领头人必须是一个乐观派，因为只有能量强大的乐观派才能点燃悲观派的冷静，不断给组织带来新希望。其次，在构思阶段，领头人应先找乐观派一起来畅想未来，给组织植入积极进取的氛围，要在势能上占据优势；在计划阶段，领头人要学会倾听，让悲观派多发言，同时给予悲观派更多的信任和责任，相信他们能够完善计划；在实行阶段，要让乐观派来执行计划，因为乐观派愉悦的心理特质和简单纯粹的思考模式更有利于将计划执行成功！

所以，当组织做到了"乐观地构思、悲观地计划和乐观地实行"，就能让组织既能抓住机会，又能防御风险，还能达成目标，并助力组织驶入快速发展的轨道。

本章小结：

  一个人的成功，在于内驱力的觉醒与脚踏实地的实践，要懂得坚持长远的战略视野，拒绝短视的急功近利，重视资源的高效配置，才能推动个人与事业的稳步前行。在面对复杂的形势与挑战时，我们需以沉稳的心态应对风险，将深厚的知识储备转化为实践价值。我们要通过"乐观构思"释放想象边界，"悲观计划"筑牢风险屏障，"乐观实行"确保目标落地，实现思维与行动的完美平衡。唯有在躬身实践中积累智慧，方能从容应对未来的不确定性，开创更加辉煌的可能性。

第五章

浅明不见深理,近才不睹远体

01 直言相谏

人所看到的客观事实其实都是自己主观意识的投射。人的一生，主要通过耳、鼻、眼、口、身体和意志获取信息，人一生的学习和经历都是在围绕获取信息而展开。人与人最大的区别在于面对纷繁复杂的信息时，如何筛选和重组。由于受空间和时间的限制，人不可能有上帝之眼，能够穷尽所有信息，洞察世间万物。

因此，这就要求人在成长过程中，必须对"真理"保持敬畏之心，认识到所谓的"真理"都是在有限信息量下诠释的结果。我们要知道，人的成长、人类的发展本质上就是不断突破真理边界的过程。所以，在信息量如此有限的情况下，如果身边能够有一些直言相谏的朋友，那是何等的幸事。

人的决策力会随着知识和见识的增长而不断提升。站在山底的人看到的风景与站在山顶的人看到的风景完全不同。因此，面对同样的事物，由于知识和见识的差异，人的理解程度也是不一样的。

以我们熟知的"数据抽象思维"为例，如表5-1所示。

表5-1　不同年龄对应的数据抽象思维

时期	年龄	能力
幼儿期	3~5岁	孩子可以通过直观和感知来理解数学概念
学龄前	6~7岁	形成初步的逻辑思维能力,能够进行简单的数学运算
小学阶段	8~12岁	逻辑思维和抽象思维能力逐步增强,能够处理更复杂的数学问题
青春期早期	13~15岁	抽象思维和逻辑推理能力都显著提高,能够理解更高级的数学概念
青春期晚期	16~17岁	抽象思维和逻辑推理能力进一步完善,能够进行复杂的数学分析和证明
成年	18岁及以上	具有成熟的逻辑思维和问题解决能力,能够根据需要选择性地学习数学

从中我们可以发现,当用"数据抽象思维"来解决问题时,不同年龄阶段的孩子,甚至是同一个年龄阶段的孩子在面临同样的问题时,调用思维的方式是完全不一样的。在现实中,我们解决问题并不仅仅局限在用数据抽象思维,我们还会用语言思维和形象思维等,同样,这些思维也会因人而异,看到的景象也是千差万别。

所以,《庄子·内篇》中也讲道:"吾生也有涯,而知也无涯。以有涯随无涯,殆已!"可见,人受认知力的影响,对事物的洞察是何其偏颇?怎能用"一隅之见"来洞察万物?

那我们应该如何提升自己的洞察力呢？其核心就是要培养"直言相谏"的文化。从思想上，要广纳谏言，礼贤下士，拓宽心胸，不责难；从决策上，要考察求证，多听善断，不轻信，不盲从；从行动上，要有战略定力，不忘怀疑主义，小步快走，及时纠偏。

在小学课本上，我们都听过魏徵直谏唐太宗的故事。魏徵在世时，时常直言不讳，向太宗直谏，时常会把太宗气得跳脚，太宗对他也是又爱又恨，但当魏徵真的去世后，太宗非常伤心，甚至发出"夫以铜为镜，可以正衣冠；以古为镜，可以知兴替；以人为镜，可以明得失"的感叹，来吊唁魏徵！从中我们可以发现，在英明的领导下才有正直下属的生存空间，同时，正直的下属也能影响上级成为英明的领导，直言相谏的文化就如一面镜子，可以让组织成员彼此被看见，照亮组织的灰色地带，助力组织的进化！

所以，人的认知力是有局限性的，企业的内核边界也是由组织成员的认知力决定的。要提升组织判断事物的洞察力，唯有不断地提升组织成员的学识和见识，提升影响决策力的系统思维，以开放的心态，在组织内部植入直言相谏的文化，相互鞭策，共同进步！

02 戒除私心，才能正确判断

大家有没有想过，人为什么会有私心？在回答这个问题之前，我们先来理解一下这三个词：立场、观点和事实。这三个词对我们理解人为什么会有私心，以及私心为什么会影响我们的正确判断，具有重要的指导意义。

人在判断事物时，会受到立场、观点和事实的影响。立场代表所维护的利益方，观点代表个人的洞察力，而事实则代表影响圈的共识力。

"立场"是指由于社会赋予的身份不同，人要维护的利益方也会不同。例如，面对同样的事物，由于受家庭角色、部门角色、企业角色或者国家角色的影响，人的判断标准就会有所不同，从而产生分歧。"观点"则是指由于受个人学识和见识的影响，人的站位不同，平视看到的风景也会不同。也就是说，面对同样的事物，人筛选和重组信息的能力是有差异的。低维的人如果还不自知，那就很难作出正确判断。而"事实"本身就是一个开放的命题。

在现实中，事实并不是绝对的，而是相对的。它指的是在人所能影响的范围内，对某一事物的共识，这是在有限的信息量下，形成自己与环境自洽的过程。因此，我们会发现，私心的形成主要是由于受立场利益的诱惑和个人认知力的局限而形成的一套事实观。所谓"当局者迷，旁观者清"，如果我们在判断事物时，没有提前认识到人会受立场、观点和事实的影响，也没有形成一套更高维和开放的价值判断体系，那我们就很难戒除私心，做到正确判断。

那如何才能戒除私心呢？首先要有一套深明大义的价值体系。从人格上，要谦虚、善良、利他、知足、勤奋；从立场上，要尊重个体、顾全大局，倡导人道主义，追求可持续发展观；从认知上，要加强通识教育、要有同理心、要有开放心态、认识自己、认识环境。在历史上，我们会看到有很多推动人类文明进步的哲学家、科学家和政治学家，他们在利益诱惑面前，选择大义，捍卫信仰，甚至奔赴死亡。他们对事物的判断标准被世人敬仰，流芳百世。

例如，古希腊哲学家苏格拉底，因坚持自己的哲学思想质疑权威而最终被判处死刑。为了维护自己的思想和信念，他选择了喝下毒药。意大利科学家伽利略，因支持"日心说"而与当时的教会观点相冲突，被迫在晚年接受审判并软禁。即使面临教会的压力，伽利略依然坚持自己的科学观点。法国启蒙思想家卢梭，在《社会契约论》中提出了"人民主权"的概念，主张政府的合法性源于人民的共同意志。卢梭的思想在当时是颠覆性的，但他不畏权威，坚持自己的政治理念，他的思想对后世的政治思想产生了深远的影响。因此，古今中外的集大成者，之所以能够名垂千古，关键在于他们勇于戒除私心，秉承大义，不迷恋私利，甚至为了促进社会的进步，他们敢于挑战权威，为正义而战。

那当我们戒除私心后，又将如何正确判断呢？

康德说："世上有两种东西让人敬畏，一是头顶璀璨的星空，二是心中的道德定律。"星空让我们懂得星辰大海，感受到人生可以无限美好；道德让我们懂得心中有一杆秤，明白人生的美好均提前标好价格，适可而止方是智慧。人或组织要获得多少财富，跟其承载力密切相关，如果承载不了，反而是祸事。例如，一个人的财富只有与其能力、修养匹配才能幸福；一个企业的财富只有与其组织能力、企业文化匹配才能长久；一个国家的财富只有与其国民的能力、素质匹配才能久安。

所以，正确判断的关键在于深刻理解自己的角色和位置。无论是个人还是集体，了解自己的能力大小并找到合适的平衡点至关重要。社会由众多个体和集体组成，每个人都应当寻找适合自己的位置。在追求个人目标的同时，也要考虑到道德的指引。当我们在个人利益和集体利益之间找到和谐平衡时，就能实现真正的无私。

资源是有限的，竞争是不可避免的，地球上的人、企业以及国家的利益也是相互嵌套的。立场是有的，观点也是存在的，看到的事实也是各有不同的。而在如此复杂的博弈下，我们的最佳选择是要找到与自己能力匹配的生态位，头顶道德定律，有立场、有观点地看待事实，戒除不能承载的"私心"，做到正确判断。

03 大胆与细心兼备

美国作家菲茨杰拉德说:"一个人同时保有两种对立的品质,还能正常行事,这是一流智慧的表现。""大胆"和"细心"就是两种对立的品质,不能用简单的"好"与"坏"来定义,关键在于运用场景。仅有"大胆",则可能会莽撞、独断,这是勇而无谋,只看到眼前而忽视了机会背后的风险;仅有"细心",则可能显得胆小、怯弱,这是过分瞻前顾后,只关注细节而未能洞察风险背后的机会。面对人生的不确定性,智慧的人应拥有均衡的人格,既要有高屋建瓴的胆略,又要有细致入微的谋略,大胆与细心都需兼备!

稻盛和夫说:"面对挑战,要乐观地设想,悲观地计划,愉快地执行。"这里的"乐观"代表的就是一种"大胆"的精神,"悲观"则代表一种"细心"的秉性。也就是说,在开创任何事业时,饱满的热情是必要的:设想阶段需要大胆,计划时需要考虑到风险且细心推敲,执行时则需要遵守原则且坚持到底。从乐观到悲观,再从悲观转为乐观,这样的心境转换对事业的成功非常重要。

试想,如果一个人没有足够的勇气去畅想未来,没有足够的胆略敢为天下先,又怎么可能捕捉到机会?同时,如果一个人只有乐观的设想，却没有细心周密的计划，悲观地穷尽风险，那在前进的路上就如同盲人摸象，又怎么可能避免陷入困境。因此，大胆是勇气、魄力、机会和乐观，而细心则是敬畏、谨慎、防御和冷静。要成就非凡的事业，大胆与细心都需兼备！

"大胆"代表的是一种决策力。敢于决策的人会形成"身份认同"，拥有更强烈的使命感和责任感；敢于决策的人是时代的"弄潮儿"，勇于挑战权威，更易创造颠覆性的成果；敢于决策的人具有"领袖"的风范，是激励大师，能够激发更多人梦想，影响更多人追随；敢于决策的人有"我命由我不由天"的气魄，更有执行力。我们今天所见证的人类文明，无论是物质文明还是精神文明，所有伟大的创造，从哲学到科学，背后都是由胆识过人的开创者所发明的。因为他们敢于挑战权威，将理论与实践相结合，才有了我们今天的世界。

"大胆"的精神至关重要，但"细心"的秉性同样不可或缺。具有细心思维的人，具有"庖丁解牛"般的条理，善于理解事物内部结构关系；具有细心思维的人，拥有"运筹于帷幄之中，决胜于千里之外"的智慧，具备强烈的掌控感和风险意识；具有细心思维的人，思维缜密，做事可靠，更能赢得信任。就像完成一件传世佳作，构思时宏伟，但在实施时，每一步背后都是"因果关系"，步步为营，环环相扣，每一个细节都承载着故事。

有句话说"理想是丰满的，现实是骨感的"，蓝图再好，要落地,每一步都充满风险,面临各种不确定性的考验。以经营一家公司为例,普通选手关注的是业绩、利润、产品、客户、团队、市场等,而高手则洞察这些元素间错综复杂的关系。同样的方案在不同环境下的效果不一样,这背后都需要有一套围绕"方向、兵力、节奏"的周密计划做支撑,才可能有效。因此,在解决问题时,不仅要有胆略,还要具备系统思维,既要宏观站位,又要微观落地,还要细心研究事物之间的"关系"。

可见,"大胆"和"细心"就像太极中的"阴"和"阳",织布时的"经线"和"纬线"。它们虽然代表事物的两面,但缺一不可。因此,在我们开创任何事业时,既要敢于大胆设想,又要细心计划,两者都需兼备!

04 以"有意注意"磨炼判断力

人与动物最大的区别，就在于人拥有"意志"。"意志"的作用在于能让人对环境产生"有意注意"，从而形成"判断力"。在复杂环境中，通过"有意注意"来磨炼"判断力"的过程，便是人生经营的智慧！

世间万物遵循"能量守恒定律"，所以"注意力"资源也是有限的。调用"注意力"需要消耗能量，因此，人与人之间最大的区别就在于调用"注意力"的不同。丹尼尔·卡尼曼在《思考，快与慢》中提出了系统1和系统2的概念。系统1是不费力的、快速的、自动的思考；系统2则像解数学题一样，是慢速的、逻辑性强的、高度集中注意力的思考。《首要怀疑》这本书的作者帕尔默也指出，大脑的功耗，无论是处于系统1还是系统2，都是每秒钟消耗20焦耳的能量，相当于一个20瓦的电灯泡。

也就是说，大脑的能耗是有限的，无论是系统1还是系统2的思考模式，"注意力"资源都是有限的调用。因此，是否具有选择"有意注意"的智慧，是否具备通过"有意注意"磨炼"判断力"的能力，这是人与人之间最本质的区别，它反映的是不同的人调用大脑能耗的差异！

那如何做到"有意注意"呢？就如中国神话故事里讲到"盘古开天辟地"，混沌初开，形成"天""地""人"的定义一样，不能抽象定义的事物，就很难找到事物存在的意义。中华文化五千年，定义了"道""人伦""神权""君权""阶级"等概念，这些概念在生存结构中相互作用，才凝聚成了今天的"中华文明思想"，形成了"集体有意注意"，才算提升了我们面对复杂环境解决问题的能力和智慧。

所以，要做到"有意注意"，首先，要在宏观上形成结构化思维。所谓"二流选手在结果上解决问题，一流选手在原因上解决问题，顶级选手在结构上解决问题"，在"结果"和"原因"上解决问题，抓的是细枝末节，是治标不治本；而只有在"结构"上解决问题，抓的才是根本，才是化繁为简，直击核心。其次，在结构化的基础上，要形成"模型思维"，在模型中要有分解结构的能力，要根据发展节奏匹配责权利。正如阿基米德所说："给我一个支点，我将撬动整个地球"，分解结构的过程就是寻找支点的过程。最后，大模型中嵌套小模型，形成自主进化的系统。表面上看是"模型的拟合"，本质上是"结构的关系"。因此，"有意注意"的关键就在于抓住结构关系中的"支点"，做到有的放矢！

提升人的判断力需要通过不断磨炼。正如丹尼尔·卡尼曼所说，系统1是感性决策系统，系统2是理性决策系统。"有意注意"

更多地匹配系统2的思维，是理性分析、周密计划的过程。人的成长是从系统2到系统1的转化过程，也是从"有意注意"到"无意注意"的转化过程。当不断通过"有意注意"来磨炼判断力后，人的敏感度也会快速提升，"无意注意"的判断力也会得到同步提升。这样才能在大脑有限的能耗下，提升人的整体效能，相得益彰！

因此，人的注意力能耗是有限的，如何将有效的能耗资源潜能发挥到最大，这是人一生学习成长的目标。我们经常听说"做事要专注"，但很少人知道"如何做到专注"。其实要做到专注，核心就是训练"有意注意"，要懂得在复杂的环境中，通过结构化思维、模型化思维，把"有意注意"聚焦在"支点"上。

人的一生就是通过不断寻找"支点"来做判断的过程。当一个人不断地磨炼去做判断，且在"有意注意"和"无意注意"之间切换时，人的注意力才会不断提升，操控的局势才会越来越大，大脑的能耗资源潜能也才能发挥到最大！

05 具备均衡的人格

所谓"海纳百川，有容乃大"，寓意着人应具有海一样的宽广胸怀，包容和吸纳各种不同意见和知识，从而成就非凡的气度和德行。而要做到"海纳百川"，关键是要具备均衡的人格，因为均衡的人格才能够影响到更多的人！

人的成就来自能够影响多少人，因为"连接"代表着机会和财富。世间人物形形色色，有偏执孤傲的，也有胆小怯弱的，当然也有外柔内刚或外刚内柔的。而真正的高手不仅能够让低手折服，还能让高手惊叹。如史蒂夫·乔布斯，不仅能够让团队成员折服于他的远见和创新能力，也能与业界其他领军人物进行深入交流和学习。所以具备均衡人格的人，既能保持人格独立，又能包罗万象，影响到更多的人加入自己的生态圈！

那何谓"均衡人格"呢？杰拉德说："一流智商的人，就是头脑中存在两种截然相反的思想，却能并行不悖。"同样的，具备均衡人格，就是即使拥有两种不同的人格特质，或外柔内刚或外刚内柔，或包容或狭隘，也能安然自处。

在现实中，我们时常会看到那些性格乖张的人，思想极端，行为偏激，不能容忍"不同"，而事实也往往证明，这样的人很难达成协作，有所成就。而具备均衡人格的人，往往更能够包罗万象、虚心学习；能够意志坚定，行为笃定；能够内心柔软，感同身受。

"勾践卧薪尝胆"的故事就很能说明这一点，起初勾践向吴国发起进攻而大败，为了生存和寻找新的机会，勾践主动向吴王夫差求和，且自愿将自己和妻子献于吴王当奴仆和侍妾，以此来解除吴王的防备，然后自己"卧薪尝胆"，发动国民休养生息，以求反攻，最终胜利。从这个故事我们不难看出，勾践就是因为具备均衡人格，才能在困境之下也能做到刚柔并济，上善若水，忍辱负重！

那为什么要形成"均衡人格"呢？由于环境不一样，个体不一样，解决方案也不一样。过去的"对"可能是现在的"错"，过去的"错"也有可能是现在的"对"，简单的二元对立，是洞察事物的杀手，这就要求人要具备均衡的人格，多元分析和决策。我们看到现实中那些拥有伟大成就的人，之所以能够突破难点，就是因为他们将自己置身于多元思维中，不受拘束。

中国文化的底色是"儒释道"，提倡"以无为之心，行有为之事"，中国的道家文化也提倡"阴阳平衡"，中国的儒家既提倡"君君臣臣，父父子子"，又提倡"民为贵，社稷次之，君为轻"。可见，连文化的形成都要兼容并包，平衡各方关系，才能不断进步。那么人作为社会的个体，也是同理，只有具备均衡的人格，既对立又融合，才能提升人的判断力！

那"均衡人格"如何形成呢？均衡人格的形成主要受基因和后天环境的影响。基因源于父母的特质，是出生时的起跑线，我们不能改变，但后天环境对均衡人格的塑造我们却不容小觑，因为人格是在经历下磨砺出来的。

《论语·为政》中讲道："吾十有五而志于学，三十而立，四十而不惑，五十而知天命，六十而耳顺，七十而从心所欲，不逾矩。"这里讲到的人生节奏就是塑造均衡人格的经历，踩对人生节奏的人，就会提前完成均衡人格的塑造，从而使自我、家庭和事业均衡发展，一生受益。然而在现实中，我们时常会看到，有的人青少年时学业荒废，30岁时不思进取，到了40岁还在浑浑噩噩。那试想这样的人，到了五六十又如何做到了悟人生，怡然自得？显然，当这样的人面临生存和能力失衡时，就很难承载。因此，后天的成长节奏对均衡人格的形成至关重要！

所以，具备均衡的人格，是一个人成熟的标志。他既能形成自洽，又能形成他洽；既能让人方向笃定，又能让人云淡风轻；既能让人认清现实，又能让人依旧热爱！

06 怀有渗透到潜意识、强烈而持久的愿望

人与人之间的不同，在于面对事物时调用"思维"的能级不同。人的思维意识层从纵深维度可分为无意识层、潜意识层、下意识层、上意识层和思想意识层（见图5-1）。人的一生是经历的总和，经历转化为经验才能内化于人生的财富。而经验主要是沿着思维意识层纵深往下沉淀，越往下走，能级越高，也就越自然娴熟。因此，当面对人生的各种挑战时，只有怀有渗透到潜意识、强烈而持久的愿望，梦想才可能实现！

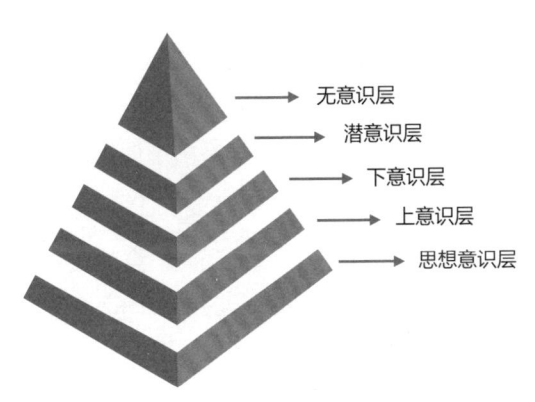

图5-1 人的思维意识层

那面对事物时，人是如何调用思维意识层的呢？无意识和潜意识是人本身无法控制的，是智能最底层的调用，这是灵感的源泉；下意识是通过刻意训练行动，而养成的习惯，这是模仿的力量；上意识也叫显意识，主要是通过眼、耳、鼻、舌、身获得信息，受路径依赖的影响，这个层级很容易让人犯错，所以这是迷惑的陷阱；思想意识也叫作精密逻辑意识，只有经过严格的训练，深刻地思考才会拥有，这代表的是智力的不同，这是智力的旋涡。

一般人的智能调用主要停留在下意识层和上意识层，即生活在"模仿的力量"和"迷惑的陷阱"之间，感知到的事实是表象的，作用到的行动是肤浅的，所以这样的人就容易在低水平上重复，苦苦追逐，但目标难以突破；而智慧的人智能调用是往下穿越到潜意识层甚至是无意识层，往上穿越到思想意识层，这也是我们经常说的"要跨越认知的边界"，往下纵深可以让人更易生发创新的灵感，往上延展可以让人更易将灵感得以实现。

所以，我们看到历史上那些伟大的哲学家、科学家们发现的事物运行的公理、思想、发明等，都是由于他们调用智能的层级与常人不同。为什么一个苹果砸在牛顿的头上，就能发现"万有引力"；为什么泰勒斯仰望星空，就能预测日食的发生；为什么拉瓦锡天平不离手，就能发现"质量守恒定律"。这些是多么朴素简单的行为，但却能造就如此伟大的发现，就在于他们的智能调用穿越了常人所不可及的层级，既能做到激发灵感，又能做到精密逻辑推理，这是大智慧的体现！

当我们明白了思维意识调用的方法后，那如何才能触达到这份智慧呢？关键在于有没有做到强烈而持久的愿望。宝藏源于潜意识，灵感源于细微之处，只有怀有渗透到潜意识，强烈而持久的愿望，日思夜想，日积月累，才可触达灵感，寻到宝藏。

要做到强烈而持久的愿望，首先，要对自己有强烈的"身份认同"，赋予自己使命感和责任感，明确目标蓝图，让自己感受到被他人和社会所需要；其次，要建立一套利他的价值体系，作为日常的判断标准，责权利匹配自己的生态位，点亮自己，照亮他人；最后，要树立一套坚韧不拔的信念系统，迎难而上，日拱一卒，功不唐捐。

所以，在现实中，我们要时刻铭记，"理想是丰满的，现实是骨感的"，我们要时常"仰望星空"，但更多的时候是要"脚踏实地"。因为所有伟大的事业，都是要"耐得住寂寞，守得住孤独"，死磕磨出来的。那些我们所看到在聚光灯下金光闪耀的人物，背后都是满腹的辛酸和汗水，都是在强烈而持久愿望的驱动下，吃了常人不敢吃的苦换来的，绝对不是好逸恶劳等来的！

所以，突破思维意识层的禁锢，有意识地去训练自己穿越意识层的边界，做一个有智慧的人。同时持有强烈而持久的愿望，且付诸行动，做一个事事有交代、件件有着落、句句有回应的人，那么我们离梦想也就越来越近了！

本章小结：

成长的关键在于从认知到判断到行动。

首先，直言相谏是认知智慧的基础，它强调认知有限性与尊重真理的重要性。不同阶段和个体的认知差异需要通过直言相谏文化的建立来驱动组织进化。

其次，戒除私心，才能正确判断。私心的产生源于立场、观念和事实的差异，唯有通过价值体系的构建和开放认知，才能准确判断事物并实现匹配能力与道德引导的统一。

再次，智慧的养成需要大胆与细心兼备。人应具备均衡人格，乐观地设想，悲观地计划，愉快地执行，同时锻炼"有意注意"能力，将有限资源进行有效分配，从而形成深度判断力。

最后，怀有渗透到潜意识、强烈而持久的愿望是实现目标的关键。智慧源于思维意识层的突破，强烈愿望驱动实际行动，坚韧不拔的坚持能将梦想转化为现实。

第六章

寻找生命的磨刀石

01 贯彻公平竞争的精神

竞争源于资源的有限性和人类的欲望。人的成长原动力来自生物本能——生存和繁衍；企业的成长原动力来自组织本能——生存和发展。根据热力学第二定律，在封闭系统中，分子的布朗运动会从"有序"转为"无序"，导致"熵增"，生存空间会面临挑战。同理，人和企业的发展，如果局限于封闭系统，长期下去，效率就会降低，也会面临资源枯竭的威胁。因此，在人类的生存结构中，无论是个人还是企业，为了持续发展，在内外部引入竞争是生存发展之道！

事物的发展需要引入竞争，那我们应如何理解竞争？竞争分为良性和恶性两种，前者是正和博弈，后者是零和博弈。正和博弈指的是相关方形成互补的联盟，发挥核心竞争力，构建共创共赢的局面；零和博弈则是相关方形成敌对局面，最终导致双输。

丘吉尔曾说："没有永远的朋友，没有永远的敌人，只有永远的利益。"以国际博弈为例，支撑国家发展需要多种资源，如技术、自然、人才、国防等。如果对这些资源进行纵深发展，就会形成各种职能分工，满足各国物质和精神文明的需求。但资源有限，国家在特定领域寻找国际盟友是发展的必由之路，而要形成合作，各国的谈判筹码就至关重要。我们要知道，国与国之间的相互制衡可以降低对方的谈判筹码，因此我们才会看到今天的国际合作如此的微妙。

所以，没有绝对的合作关系，也没有绝对的竞争关系，产业链上下游已贯穿世界各国，在技术、自然、人才、国防资源上，已形成你中有我，我中有你的格局。在今天，国与国之间只有相互供给，才能满足市场需求。因此，竞争的底层逻辑是动态的，会随环境关系变化而不断重构。作为参与者，要明白既要融入又要警惕，核心是要在竞争中不断增强自己的筹码！

如何将零和博弈的竞争关系转化为正和博弈呢？关键在于贯彻公平竞争精神。公平竞争需要一套共识的竞争规则，明确责权利和边界；需要公平的司法体系，贯彻契约精神，严惩违规者；需要持续发展观，随着阶段变化而调整竞争规则和司法体系。

那何为"公平竞争精神"呢？国家或企业的发展存在层叠效应。组织中一代代积累的"发展资产"决定了不同起跑线。如国际组织分为发达国家、发展中国家和不发达国家；企业分为成熟企业、扶持企业和监管企业；个人分为富人、中产阶层和贫困户。面对这些表象的不公平，要认识到差距背后的实质是组织内部认知和奋斗差异的累积，从而形成了后来强者越强、弱者越弱的局面。因此，面对"不公平"，解决之道在于保护组织积极进取的精神，且通过税收、慈善、机会等照顾到落后者,带动他们在精神和物质上不断实现突破。启动竞争机制,缩小差距,这是当今公平竞争精神的体现。

竞争不可避免,贯彻公平竞争精神至关重要,但绝对公平不可能。公平筹码来自组织的"发展资产",它凝聚了一代代人的智慧。倘若今天感到不公平,最好的方式不是"躺平"或做"愤青",而是仰望星空,脚踏实地,用当代人的智慧去弥补前代人的差距。所以,改变命运,只有从当下做起!

02 勇于挑战

悲观者永远正确，但乐观者更易成功。在现实中，我们会发现事业大成者必有其一套有别于常人的勇气和魄力——面对挑战，他们常常乐观设想、愉快执行。从小到大，身边总有人在抱怨"现在的钱越来越不好挣了"，可事实是，多年后会发现，说这些话的人今天依旧还在原地，而那些勇于挑战的人，境况早已不同。

他们勇于将自己置身于艰难之中，主动在危机中寻找机会。他们在20世纪80年代抓住了下海经商，在20世纪90年代抓住了股票市场，在21世纪初抓住了房地产经济，在2010年抓住了电商，如今到了2020年又拥抱智能科技，他们永远保持活力，与时代的"变量"赛跑。正是这种勇于挑战的品质，训练了他们优秀的工作思维和习惯，让他们成为那20%的社会精英，同时也成了自己命运的主宰者！

勇于挑战是一种优秀特质。勇于挑战的人，内核强大，抗挫力强，更易获得机会；他们人缘好，目标感强，更易获得信任；他们创造力强，善于发现"新物种"，更易获得先发优势（见图6-1）。

内核强大，抗挫力强，
更易获得机会

人缘好，目标感强，更易获得信任

创造力强，善于发现"新物种"，更易获得先发优势

图6-1 勇于挑战的人的特质

"机会"是指引我们前进的方向，"信任"是赋能我们组建团队的基础，"先发优势"是助力我们赢得红利期的起跑线。"方向""团队"和"红利期"是孵化新项目的三驾马车，是勇于挑战者必须构建的初始资源。从中更能启发团队成员既看到星辰大海，又做到脚踏实地，形成"组织靠谱文化"。

那为什么在现实中，勇于挑战仅属于少数人呢？那是因为"井底之蛙"的视野限制了人的想象力，目标的驱动力不够。人在一个封闭的环境里待久了，思想和行动就会被锁上枷锁，变得懒惰，意志消沉，缺乏斗志。当一个人长期没有受到新信息的冲击，那么旧有的信息量就会固化人的思想，麻醉人的意识，扼杀人的创造力。由于这样的人不敢拥抱新世界，自我保护机制就不是接纳新信息来

第六章
寻找生命的磨刀石

升级旧有秩序,而是试图通过"隔离外界"来维系旧有的平衡。

中国在近代100多年的屈辱史,就是由于在明清两代时,朝廷实行"海禁"和"闭关锁国"的政策所造成的。唐宋时期中国在文化、经济、技术、军事上都是遥遥领先于世界各国,但由于后来朝廷的"各种思想限制",出于安全的考虑,就将中国与世界"隔离",试图在自己的封闭系统里求得安稳发展。然而历史的演变之路,不会因为一个大国的政策而停止向前进化,西方各国在文化、经济、技术和军事上都得到了颠覆性的突破,接着就是我们熟知的1840年英国的"鸦片战争",彻底敲醒了沉睡中的中国,让中国后来险遭沦陷。实际上,英国当时所出兵力只有1.9万,清朝政府投入兵力却上达10万以上,但由于思想和行动早已固化,以及在战争中的策略和战术落后,根本抵御不了英国的船坚炮利。

可见,"鸡蛋从外面打破是食物,从内部打破是生命",勇于挑战才是生存之道。所以,世界上并没有安稳的封闭系统,如果不革新进步,就会被别人碾轧。那如何做到"勇于挑战"呢?

关键是要主动将自己置身于艰难之中,去磨炼意志,要爱上挑战的过程,深入潜意识,将挑战训练成习惯,不被眼前短暂的多巴胺迷惑,而要体验内啡肽带来的持久愉悦。这里提到的关键词"主动""爱上""习惯"和"愉悦",表达的是人在面对挑战时应该具备的人生观。要主动拥抱生活的不确定性,爱上其中充满的无限机会,习惯与困难为伴,通过持之以恒的信念和行动获得成果带来的愉悦感受。当一个人在人生的道场里不断地训练这样的意识，"勇于挑战"的特质也就能够内化于心了。

所以，人想要获得身心自由，拥有选择的权利，不被淘汰，拥有"勇于挑战"的特质是必需的。人的成长过程就是信息量不断扩容的过程，信息量的扩容就决定着人的"存在模型"需要不断更新迭代，这是事物发展的底层逻辑。也就是说，当能力不足以匹配环境所需时，人面临的必将是"主动"或"被动"的淘汰，故步自封的结果就是自我放弃。因此在技术、商业模式更新速度如此快的今天，人面临的也将是多段人生。唯有勇于挑战，不断革新，方能跟上时代的"变量"，获得美好的人生！

03 成为开拓者

翻开历史书,我们会发现人类的发展史在很大程度上是战争与掠夺的历史。在东方,《左传》记载:"国之大事,在祀与戎";在西方,《圣经》新约中也写道:"将上帝的交给上帝,将凯撒的交给凯撒。"显然,"开拓疆土、保家卫国"是两千多年来东西方政体的主旋律。但大家有没有发现,在"二战"后,尽管中东地区因地缘政治原因偶尔发生冲突,但从整体世界格局来看,围绕"疆土征战"的冲突较以往已经大幅减少,国际政治相对稳定。

按照热力学第二定律,我们知道一个系统若长期处于封闭状态,将趋于混乱。然而,在过去几十年里,虽然各国版图相对稳定,战事减少,但大多数国家的GDP都实现了前所未有的增长,在文化、经济、政治、技术等方面都取得了质的飞跃。

在旧社会,农业文明时期,土地是获取生产资料的关键。但由于生产力低下,产量有限,因此"养精蓄锐、穷兵黩武、开拓领土"成为各国的治国方针。历史上关于"领土争夺"的事件屡见不鲜。但随着人类进入工商业文明,大航海技术的发展引领了全球贸易的兴起,占领土地带来的收益远远不如贸易交换带来的经济利益。

今天，我们可以看到，一些领土面积不大的国家，如日本、德国、英国、法国、新加坡等，已跻身世界发达国家行列；而一些领土辽阔的国家，如巴西、阿根廷、印度、哈萨克斯坦、阿尔及利亚等，经济发展相对落后。这表明，当今大国的评判标准不再仅仅是领土大小，更多的是核心技术、高级人才以及全球供应链的布局。如果将前者比作硬件，后者比作软件，那么软件的影响力无疑是更为显著的。可见，在古代，一个国家的开拓精神主要体现在"领土扩张"，而在今天，一个国家的开拓精神则主要体现在"新思想、新文化和新技术"的优势上。

同样，作为个体，人的开拓精神也需要与时俱进。在农业文明时期，人的开拓精神主要体现在体力优势上；在工商业文明时期，人的开拓精神主要体现在智力上；而在信息文明时期，人的开拓精神则主要体现在创新力上。

从人类能力模型的升级轨迹来看，对人的"创造力"开拓精神提出了更高的要求。以苹果公司为例，有研究报告显示，苹果公司每卖出一部iPhone，便能独享其中近六成的利润，而中国大陆通过劳工获得的利润份额仅为1.8%。我们要知道，苹果公司之所以能做到这一点，关键在于其在核心技术、高级人才以及全球供应链布局上拥有独特优势。这也说明，当代人需要根据时代的变化不断提升自己的能级，努力成为"创新型"的开拓者。

那为什么要有开拓精神呢？"开拓"就如"进化"，是任何事物得以存在和发展的基本命题。因为世界万物本身就是"变量"的总和，不管你是否选择变化，世界一直在变。达尔文的"物竞天择""自然选择"也告诉我们，任何事物如果不开拓、不进化，终将被淘汰。这里的"任何事物"也包括所有的组织和系统。因为只有"开拓"才能带来重构系统的新活力，避免系统出现"熵增"，而瘫痪。

那我们如何培养开拓精神呢？

首先，要审时度势，与时俱进，在资源有限的情况下，先启动软性开拓，如人才禀赋和资源优势等，以低投入获得先发优势；再启动硬性开拓，如品牌和硬件投入等，建立竞争壁垒，提高进入"门槛"。

其次，要有开拓的潜意识，保持开放的环境，主动引入新元素，前期可以聚焦深度的纵向开拓，如爆品突破和上下游布局等；后期可以进行横向开拓，如异业联盟和数据共享等。

最后，要学会适时放缓开拓节奏，避免透支，同时寻找下一个增长点，循环推进。

开拓精神是人类进化的驱动力。不同时期，开拓的对象可能不同，但开拓的精神却亘古不变，开拓的底层逻辑也有其共性。

在农业文明时期，开拓精神体现在通过战争抢夺土地；在工商业文明时期，开拓精神体现在通过贸易争夺资源；而在信息文明时期，开拓精神则体现在通过技术抢占先机。

每一个时代,作为个体的"人"来讲,都是其中的弄潮儿,唯有积极成为开拓者,随浪而起,才能获得更好的生存和发展资源。

04 坚持信念

在生活中，我们经常会看到有些人事情还没有结果就开始夸夸其谈。这背后的核心就是因为没有建立起一套做事的信念系统。信念系统能赋予人做事的意义，让人明白"为什么"，并构建内驱力；信念系统能作为人的一套指导思想，在面对"诱惑"时，让人明白"坚持"，懂得判断；信念系统能助力人在黑暗中发现新机会，理解"可能性"，构建起面对困难时的坚韧与乐观。可见，坚持信念的人方向更明确，内心更强大，机会更多，人生也会更美好！

构建信念的关键是赋予"意义感"。人与动物最大的区别在于人有认知体系。"我从哪里来？""我要到哪里去？""我又是谁？"这些问题作为构建"意义感"的三大源泉，从古至今，源远流长。这也让更多人懂得了奋斗的意义。从人类文明的沉淀中我们可以看出，正是因为"意义感"，历史上才有那么多为真理而执着的先哲，他们的思想促进了人类文明的进步，也让我们今天的生命如此丰富多彩。因此，无论是个人成长还是组织发展，构建信念系统，深刻理解和懂得"意义感"都至关重要。

信念的强敌是"诱惑"。在生活中,我们会看到有的人"三天打鱼,两天晒网",做事情三心二意,不专注。他们之所以有这样的行为,是因为没有一套坚定的信念系统作为判断事物的标准。当遇到急功近利或不劳而获的选择时,他们的信念系统极易崩塌。而拥有坚定信念系统的人,永远知道自己想要什么,懂得屏蔽干扰,安顿内心。他们会调整自己的节奏,勇往直前,不达目标誓不罢休。

信念能带来"新机会"。人生在世,不如意者十之八九。有的人选择平坦大道,跟随大溜,但这样的路往往拥挤,红利短暂,易于出局;而有的人却另辟蹊径,选择泥泞小道,虽然跌跌撞撞,但泥泞过后可能就是一马平川。选择难而正确的路是需要勇气的,这背后是信念的力量。

今天,我们都知道美国影响着世界的主要秩序,但回到500多年前,美洲还是被世界遗忘的角落。之所以有今天的美国,离不开航海家哥伦布,因为他坚信"地圆说",希望能找到一条通往东方的新航线。所以,1492年,他带领三艘帆船从西班牙的帕洛斯港出发,经过两个多月的艰苦航行,才终于抵达了现在所知的美洲大陆。这一壮举,开启了一个新的时代,也改变了世界历史的进程。其实,哥伦布为了筹备本次航海,多次请求资助被拒绝,但他始终没有放弃,最终才得到了西班牙王后伊莎贝拉一世的支持。

所以,凡是有所成就之人,必是信念系统强大的人。只有坚持信念,才能抵御"诱惑",获得"机会",懂得人生的"意义"。

05 注重公私分明

在阶层政治色彩浓郁的时代，组织的利益往往被权贵阶层瓜分，制度的"利好导向"也主要偏向权贵阶层。作为统治阶级，他们的治国手段主要是通过搜刮底层大众的民脂民膏来巩固其统治势力。在这样的时代，绝对阶层的划分导致官官相护，趋炎附势的社会风气盛行，也就很难实现公私分明。直到18世纪，西方的"自由、平等、博爱"等人道主义观和契约精神在世界各国的普及，"公私分明"才逐步实现，这是人类思想文明的重大进步！

清明的政治环境是实现公私分明的前提。那如何营造"清明的政治环境"呢？首先，要打破阶层固化，疏通晋级通道。受历史层叠效应的影响，每个人的起点可能不同，但社会应给那些心怀大义、有奋斗意识的底层民众敞开晋级之路，并给予政策支持，同时，对于那些位高权重者，也不能滥开绿灯，社会应建立一套公平、公正、公开的统一评价标准。

今天，我们从世界各国中小学生的考试标准就不难看出，阶层间的歧视思想已淡化了很多。例如，在同样的学校、企业中，不同种族、经济条件的人都可以成为同学和同事。

其次，要有一套公正严明的立法和司法体系，倡导法律面前人人平等。无论权贵还是平民，都不可亵渎法律，一旦犯罪，都应一视同仁。在中国，因滥用权力牟取私利而被绳之以法的案例众多，如赖小民、薛纪宁、顾国明、孙德顺、姜喜运和蔡国华等。他们在位期间贪污受贿，假公济私，但中国的法律并未因他们位高权重而网开一面，都受到了严厉惩戒。

最后，要有一套全员共识的道德准则。道德体系中可量化的是法律，但还有许多思想和行为无法量化，属于真空地带。如在多变环境下如何定义善恶，决策标准是什么？世界各国的信仰系统，无论是东方的儒释道，还是西方的基督教，或是中东的伊斯兰教，都在向民众传递一套做人做事的底层逻辑，形成各自的道德准则。这些信仰系统虽未全部体现在法律条款上，但已内化于心、外化于行，成为各国长治久安的治理工具。

在我国，我们经常看到"人民有信仰，国家有力量，民族有希望"的标语，就足以说明信仰对组织统一和稳定是何等的重要！因此，当一个国家、民族或企业做到打破阶层固化、建设公正严明的立法和司法体系、建立全员共识的道德准则时，清明的政治环境也就指日可待了。

当组织实现公私分明，营造出了清明的政治环境，那么该组织也就已踏上了快速发展的列车。清明的政治环境是建立组织诚信系统的基石，在这样的环境中，组织成员既没有了玻璃心，能自我疗愈、实现优胜劣汰，又没有了歧视文化，公平公正、财务清明、一视同仁。

在今天，我们看到许多组织在架构、沟通模式和经营管理上都进行了优化。如从权力集中的矩阵式升级为去中心化的扁平式；从层级会议升级为全员触达的企业邮箱；从资本为重升级为以人才为重。所以，当组织营造了清明的政治环境，打造了平台创业文化，共担共荣，就能更好地应对挑战，实现组织持续健康的发展！

元代戏曲家关汉卿创作的《窦娥冤》深入人心。故事揭露了当时社会的黑暗和官场的腐败。在旧社会，冤案频发，但在信息互通的今天，不公现象已大为减少，这是社会的进步。我们相信，公私分明的道德体系未来也将会不断完善，人们的生活也将会更加美好，我们拭目以待！

06 深思熟虑到"看见结果"

人生是一场自己与自己交棒的接力赛。因果循环，层层累积，每一步都至关重要。义无反顾、孤注一掷是一种人生态度；深思熟虑、谋定而后动则是另一种人生态度。面对复杂的内外环境，要实现"所愿皆所得"，其关键就在于"乐观地构思，悲观地计划，愉快地执行"。而贯穿其始终的核心力量则是要有"周密的计划"。因为，只有深思熟虑到"看见结果"的计划，匹配行动，才能更接近梦想的彼岸。

人是社会的产物，不同的站位和立场导致不同的计划和行动。局面有大有小，目标有长有短，如何选择当下，这是人生经营的智慧。只有立足于未来，规划当下，拉长人生的时间线，才能更有节奏感地扩大自己的格局，将个人的小系统嵌入世界的大系统，找到发展的生态位。

我们常说"梦想是心之所向的地方"。因此，当一个人的梦想足够大时，一个"大写的人"才能在心底立起来。同样，当一个人对梦想进行深入思考和周密计划后，行动与梦想的结合也才能更加紧密。所以，放大格局和境界，深思熟虑到"看见结果"，并在脑海中一遍又一遍地演练实现的路径，这是将"构思"转化为"执行"的关键步骤。

世间万物变幻莫测，牵一发而动全身，变量层出不穷。因此，深思熟虑到"看见结果"，能给人带来掌控感。所谓"运筹帷幄之中，决胜千里之外"，背后考量的就是掌局者洞察事物的智慧。因此，我们要懂得，智慧的人既要有宏观的洞察力，还要有微观的务实精神；战略性决策往往是走一步看十步，而非在低水平上折腾、内耗。所以，当深思熟虑到"看见结果"，心中便有了定海神针，才能描绘出令人信服的实现蓝图，让人心生笃定。

深思熟虑到"看见结果"，不仅是领导者的个人意识，更是形成集体意识形态的关键，是组织进化的力量。因此，要将此融入全员的共识体系，不断激励大家相信并做到；要让全员看到蓝图实现的路径，明白一时之勇所得，不足挂齿；要让全员懂得攻下城池不等于守住阵地，要践行全局观，打持久战。

我们发现，古今中外，王朝从"统一"到"分裂"的更替，背后最大的原因往往就是集体意识形态的崩塌。可见，深思熟虑到"看见结果"，形成共识体系，融入集体，对组织的发展是何等重要。

那如何做到深思熟虑地"看见结果"呢？首先，要提高看待问题的格局和境界，要有突破固定思维的勇气，要有重组变量，解决问题的能力；其次，要找到关键性事件，要以终为始地对目标进行分解，要能感受到实现目标的喜悦；最后，要形成集体意识形态，要建立目标体系和身份认同,捍卫结果。

所以,深思熟虑到"看见结果",它能排除噪声,提升格局,让人内心更加坚定;它能形成蓝图,穷尽变量,照亮现实,靠近梦想;它能推动组织进化,形成集体意识形态,提升组织效能。

本章小结：

聊"竞争"这件事，我们在感觉上可能会有压力。其实，它更像是帮助我们成长的磨刀石。我们说，资源有限，欲望无限，竞争不可避免。但关键是，我们追求的不是一场乱斗，而是要确保竞争环境的公平。

面对"不公平"怎么办？别抱怨，用智慧去缩小差距。记住，悲观者永远正确，但只有乐观者才会成功。挑战意味着什么？意味着突破！别怕困难，勇敢去尝试。

鸡蛋只有从里面打破，才是生命的开始。所以，勇于挑战是一种优秀特质，遇到困难不要逃，突破就是成长的契机。开拓不是莽撞，而是要审时度势。我们需要灵活选择，用软性方式或硬性手段去突破现状。同时，还要保持开放的心态，愿意尝试新鲜事物。

开拓者，就是这样走出自己的路。凡是有成就的人，都是信念感很强的人。无论做什么事，都有方向、有目标、有韧劲。一个人强大的内在信念系统，是走得更远的动力。

第七章

自知者明，自胜者强

01 自己的道路自己开拓

人为什么要不断向外开拓？因为资源有限，因为竞争无处不在。人为什么要自己开拓？因为人生的变量太多，自己才是人生的壁垒。所以，人生的经营，就是资源的经营。学习如何经营自我和环境，是人一生需要学习、成长与累积的智慧。

资源分为内在资源和外在资源。内在资源靠自我创造，外在资源靠智慧调用。人学习成长的目的，就是提升资源创造和资源调用的能力。我们要明白，资源如果一直处于静态，则毫无价值。就如虽然人类在古代就已经发现了石油，但由于未能发现其更大价值，直到工业时代，石油才成为推动社会和经济发展的重要能源。同理，父母的智慧、家族的富裕，如果不能被智慧调用，这些资源反而会由于人的心力难以承载而成为人生的障碍。所以，不管父母有多么智慧，也不管家族有多么富裕，孩子的人生都得靠自己去经营，自己的道路得靠自己去开拓。

近百年来，受思想文明的颠覆性推动和科学技术飞速发展的影响，人类在物质和精神文明上得到了质的飞跃。我们发现，全球信息和资源的互通，使人与人之间的时空距离越来越小，活动格局越来越大，活动频率也越来越高，颠覆式的创新也层出不穷；各种业态的成长周期越来越短，生态圈的变量也越来越多。所以，作为当代年轻人，要随时备战革新自己，懂得自己的道路自己开拓，要懂得这是常态。

自己的道路自己开拓，做一个有自我觉察力的人，这是人生的智慧。我们要明白，永远不能丢弃进化的能力，只有不断磨砺心智，才能获得豁达的人生。在现实中，智慧的人要的不是鹅蛋，而是要学会养鹅，因为鹅养好了才可以一直下蛋。同理，智慧的人要做一个生产者，而不能只把自己定义为一个"静态的产品"，因为生产者才能创造和调用资源去化解人生的难题，获得源源不断的生产力，这是自我开拓的力量。

罗曼·罗兰也说："世界上只有一种真正的英雄主义，那就是在认清生活的真相后依然热爱生活。"既然我们已经明白了经营资源的关键是调用智慧，也明白了世间事物发展的多变性，那我们应该如何去开拓自己的道路，才能游刃有余地应对一生呢？首先，要内核强大，要足够坚强和开放，即使不会游泳，也要敢于下水，要在风浪中锤炼生存的心智和技能；其次，要有风险把控意识，不可温水煮青蛙，也不可做瓮中之鳖，要敢于突破舒适区，扩大外部循环系统，避免熵增；最后，要保持一颗平常心，就算历尽千帆，也要相信，步履所至之处，总有繁花似锦。

所以，自己的道路自己开辟，这是一种生存的技能，是我命由我不由天的态度。我们要铭记：世间万物，各有所态，即使我改变不了世界，但至少我可以改变自己，获得内心的一份安宁。

02 有言实行

领导者是组织能量的发源地,是组织的造梦人;领导者是组织影响力的源泉,是梦想的代言人;领导者是实现梦想的定海神针,是领头的追梦人。能量决定影响力,影响力决定逐梦的势能,背后都少不了团队对梦想的坚定支持。因此,我们要明白,梦想是需要喊出来的。有"豪言壮语"的人不一定能成功,但没有"豪言壮语"的人更难成功。

作为领导者,要具备感染力,能够将目标清晰深刻地印在团队的心上;要具备超强的影响力,能够树立团队坚定的"信念系统";要具备大声喊出目标的勇气,并带领团队执行到底,拿到结果。因此,"有言实行"是美德,它考验的不仅是"一言既出,驷马难追"的勇气,还有一份带着"枷锁"的公众承诺。这份公众承诺能够勉励自己和团队时刻不忘目标,这是组织"靠谱"的表现,也是打造组织"诚信文化"的关键。

在中国,老一辈会说"含蓄内敛"是一种美德。但从"概率"层面来讲,不敢喊出目标的人,事业往往很难突破。因为如果目标没有得到外部的共识,只是藏在心里,那面对困难时,人就极易自圆其说,目标就很难持续"立"起来。因此,一个不敢大声喊出目标的人，是没有"目标交付思维"的人，这样的人害怕被别人看到"失败"；这样的人自带"不可信"的标签；这样的人很难激发自己和团队的斗志。

而"有言实行"的人则不同，他们敢于挑战自己和权威，勇于承担"失败"的风险；他们心中只有目标，敢于行动，意志坚定；他们不惧公众承诺，不畏丢脸，具有成长思维。我们要知道，人生前行的过程，就是目标交付的过程。敢于喊出目标，这是一份公众承诺，看似"枷锁"，实质上战胜"枷锁"的过程才是人真正获得"自由"的开始。因为，自由来自自律，自律来自承诺，承诺来自责任。而有责任感的人才能自带使命感，他们精神抖擞，意气风发，人生绚丽多彩。

我们要明白，"有言实行"的人，敢于接受公众检验，更易获得资源方的信任，机会自然会更多。在现实中，我们总会看到有些人意志消沉，时常抱怨命运不公。实际上，机会一直在，只是这些人不敢去约定成果。什么叫"好运"？好运背后是一套信任系统，因为相信才能获得机会，因为被相信才能获得成果。因此，一个"有言实行"的人，实际上就已经具备了"好运"垂青的特质，他们言必信，行必果，循环推进，好运连连。

所以，领导者要做"有言实行"的人。我们要懂得"有言实行"的背后既有豪言壮语的力量，也有雷厉风行的执着。这每一次的公众承诺，既是一份责任与担当，也是一份信任与机会，这是组织前行的力量。

03 不成功决不罢休

生命的历程核心在于经历，碌碌无为是一生，卓有成就也是一生。无论是选择主动还是被动，每一天都会过去，每一天也都会到来。懊悔是对过去的遗憾，焦虑是对未来的恐惧，背后都与"希望"有关。我们要知道，人的本能是追求快乐，那何谓快乐呢？快乐来自人对物质和精神的需求。正是因为"需求"尚未满足，正是因为对未来还有"希望"，所以人才能感受到"需求"和"希望"得到满足后的快乐。这份快乐的感受也让"追求成功"有了意义！

人生的长度是有限的，但人生的宽度却是无限的。"需求"是人原始的动力系统，给人带来满足感；而"希望"是黑暗中的亮点，给人带来前进的力量。根据马斯洛需求层次理论，人有五种需求，从物质需求到精神需求展开，分别是生理需求、安全需求、社交需求、尊重需求和自我实现需求。这五种需求层次代表着五种人生观，也对应着五种希望层级。它们演绎着五种不同的人生态势，越往上走，越稀缺，也越厚重。因此，需求层级的跃迁就是"希望"指引的方向，它不仅能给人带来新需求满足后的快乐，也能让人感受到奋斗带来的价值！

"需求"和"希望"支撑着人生的宽度，让人内心生发蓬勃向上的力量，也让追求成功有了意义。我们要认识到，追梦的过程不可能一帆风顺，一定是跌宕起伏，有欣喜也有失落。我们要懂得，人的一生只要在为梦想而追逐，就没有遗憾。我们要相信，每一份经历都是收获，以梦为马，不负韶华就是最好的选择。因此，不必去定义人生成功的大小，我们只要全力以赴，做到行动的力量与精神的世界相匹配，都值得赞叹！

"成功"需要倔劲，坚守"不成功，决不罢休"，这是一种人生态度。它能够磨砺灵魂，提升心性，完善人格。英雄之旅必经的三部曲是希望、历练和凯旋，完成这段旅程要有"不破楼兰终不还"的决心。

正如王阳明经历了立志圣贤，身陷囹圄，龙场悟道后，才能完成他的英雄之旅，形成"心学"，为后世留下"吾性自足""不假外物""心即理"的人生哲学。这些成就背后都蕴藏了他为了真理，决不罢休的勇气。试想，如果他一生一帆风顺或中途放弃，都不可能豁然贯通，诞生传世经典。因此，梦想是指南针，挫折是磨刀石，绝处逢生是修行，人只有经历过挫折，并感受过成功，格局和境界才能被打开，也才能突破需求的层级，找到新的希望！

所以，不成功，决不罢休，坚定地穿越需求的层级，做一个蓬勃向上的人，这就是人生的意义。智慧的人也不用去定义成功，做一个追梦人，不惧荆棘，勇往直前，享受"行至水穷处，坐看云起时"的境界，就已足矣！

04 心想事成

"心想事成"常出现在我们日常的祝福语中,它表达了人民对未来的美好期待。要实现"心想事成",关键是背后要有一套强大的信念和执行系统做支撑。信念系统让人从心力上靠近梦想,执行系统让人从行动上走向梦想。两者的紧密结合,才能做到"心想",然后"事成"!

那心应该如何想,才能打造好信念系统呢?所谓"相由心生",我们看到的"相"都是内心的投射,换言之,心中所思所想,都会潜移默化折射到人的言行中,造就不同的结果。佛家说"万物由心生,万法由心造",儒家也说"积善之家必有余庆,积不善之家必有余殃"。

可见,恶言劣行,积善利行,修心是多么重要,它是指引人行动的灯塔,它反映的是一个人的心态和思维方式。所谓"物有本末,事有终始",遵循"道法术器"原则,要建设好信念系统,关键是要在"道"和"法"上下功夫,也就是要在"心"和"脑"上下功夫,因为这是"本",是方向的指引和思维的突围。要相信,只有上"道"了,"方法"对了,才能在"术"上求得良策,在

"器"上获得工具，做到"心想事成"。

虽然很多人懂得了建设信念系统的重要性，也明白了"因上精进，果上结缘"的道理。但回到现实，很多人也会陷入疑惑："为什么我修行半生，还是果上无缘"，所以就对"心想事成"、建设"信念系统"报以不屑，转向"人生苦短，及时行乐"的人生观。要理解到这点，我们要懂得，世间万物都遵循"二元对立"的原则。

也就是说，好和坏、因和果都是可以相互转化的，"老天爱笨小孩"，背后考验的就是人对信念系统的执着。其实，我们的人生就是一个"追道"的过程，心之所念，来得早也好，来得晚也好，甚至延伸到我们的后代也好，要相信，今天种下的"因"，就一定会在未来的某一个点上得到"果"。这是"积善养德，福泽千秋""心想事成"的力量！

我们要懂得，"心想事成"是从放下和接纳开始，这是一种哲学观。傅佩荣老师说过"人这辈子早晚都会遇到'哲学'"，孔子也说"人四十不惑，五十知天命，六十耳顺"，前者代表西方哲学，后者代表东方思想，都不谋而合地诠释了"放下""接纳"的重要性。我们要明白，"责任""使命"的驱动，让人懂得了"奋斗"；"诗与远方""天伦之乐"的满足，让人感到了"富足"；"穷困潦倒""坎坷重重"的困扰，也让人理解到了"无奈"。"奋斗""富足""无奈"都是人生故事的缩影。因此，要做到"心想事成"，要从放下、接纳开始，要相信否极泰来，要相信祸福相依，也要相信心想事成！

　　所以，"心想事成"是对未来的美好期待，它需要执着，也需要等待。回顾大多数人的一生，我们会发现，学习成长、结婚生子、工作创造，书写的都是因果故事。有些"因"是"静待花开"，有些"因"可能就是"糖衣炮弹"；有些故事灿烂夺目，有些故事可能就是怅然凄凉。因此，面对多变人生，我们只要相信，信念和执行系统屹立不倒，善行利他，接纳万物，心想事必成！

05 描绘梦想

梦想源自心之所向的召唤。有梦想的人精神抖擞，内心笃定，行为坚定；有梦想的人生命力旺盛，能抵御风险，自我疗愈；有梦想的人大义凛然，克己奉公，心怀大局。梦想蕴藏着一份潜意识的动力源，它让人或组织更有使命感和责任感；它融入个人的精神信仰，融入组织的文化信仰；它赋予人全力追逐的力量！

那如何制定梦想呢？如果将"梦想"与稻盛和夫的成功哲学方程式相匹配，它来自公式中的"思维方式"。也就是说，梦想有好坏，梦想也有大小，位于-100与+100之间，方向有正反，层级有高低，它体现的是人或组织的价值体系。因此，伟大美好的梦想，它代表的是"人道主义价值观"，它一定是要站在整个人类文明发展的角度去宏观诠释，其目的是要能给更多的人带来美好。那我们如何制定正能量的梦想呢？关键是一定要站在宇宙的视角，要打破"小我"的限制，要将自己的"使命"融入更大的时空，要用"善意观""和平观"和"持久观"来制定梦想。

当我们有了正能量的梦想后，关键就是要能够具象地描绘梦想，要让心能感知到梦想实现的结果。描绘梦想的过程就是解构梦想的过程,就如"庖丁解牛"一样,既要有高屋建瓴的宏观把控,也要有细致入微的微观洞察。

  首先,要对宏观和微观进行分析。从宏观上,要分析行业趋势、政策导向、治理结构、产品战略、商业模式;从微观上,要分析公司架构、机制体系、团队战略、营销战略、成本结构、关键性事件。其次,要以终为始地设计公司的长中短期战略,并将宏观和微观的各类目标分解匹配到阶段性战略上,按照节奏推进。最后,要将宏观和微观结合战略,建立各元素的关系,然后形成公司的顶层设计落地系统。实践证明,当按照这样的步骤将梦想具象描绘出来,并对团队进行战略共识后,梦想的实现轨迹就会更加立体,团队也能更确信地感知到梦想实现的可行性,大家也将会对公司更有信心。

  在现实中,我们会发现,有梦想的人很多,但是真正能够实现梦想的人却很少,背后最核心的原因就是对"描绘梦想"的步骤做得不深刻。要么收集的信息不够,要么分析信息的能力欠缺,要么执行过程中缺乏自省。因此,如果只是做到对梦想的虚张声势,而没有做到对梦想的深刻洞察,那结果就一定是不尽如人意的。

  所以,虽然制定梦想很伟大,但描绘梦想更务实。在实现梦想的路径上,我们要懂得"差之毫厘,谬以千里"的道理,我们要明白"知道"和"做到"还相差十万八千里,我们要做到深刻地描绘梦想,然后脚踏实地地去实现梦想。

本章小结：

本章节我们聊了很多关于如何认识自己、超越自己的人生智慧的话题。

我们重点谈到，成功的人都需要一颗强大的内心，还要学会保持长期的自我觉察，这样才能走出属于自己的路。

同时，我们也讨论了如何做到言行一致，用自己的责任感和执行力去影响他人、实现承诺。更重要的是，要有"需求"和"希望"支撑起自己的人生厚度，坚定地向更高的目标迈进。

最后，我们还提到，心想事成的关键是既要敢于描绘宏大的梦想，又要细致入微地规划行动，让洞察力真正落地。希望通过学习，能更好地理解自己、突破自己！

第八章

内省不疚，夫何忧何惧

01 动机至善、私心了无

向心力能让组织众志成城，固若金汤，形成支持力；离心力则可能导致组织背信弃义，分崩离析，形成破坏力。跌宕起伏的王朝更替告诉我们，要形成组织的向心力，获得民众的支持，关键在于组织背后必须有一个深明大义的奋斗目标，让组织成员感受到归属感。

对于国家而言，这份意义称为"国家精神"；对于企业而言，这份意义称为"企业文化"；对于个人而言，这份意义称为"价值观"。无论是精神、文化还是价值观，要形成组织的凝聚力，其行动诠释的意义都应该是纯粹、美好、正直、助人、温良、利他的。因为只有秉承"动机至善、私心了无"的道德准则，才能形成组织合力，激励团队为组织的梦想而全力以赴。

"动机至善、私心了无"是优秀领导人必备的精神品质。我们要知道，人民奋斗的原动力是生存和繁衍，组织奋斗的原动力是生存和发展。人与动物最大的区别在于可以通过意志和语言系统形成各类竞争的组织关系，争夺生存资源；不仅如此，人还可以通过思想创造来提升生产力，优化生产关系，从而丰富物质和精神生活。可见，人是社会的产物，归属于组织。我们要知道，组织的形成本质上是因为通过生存结构的优化、分工协作，可以大幅提升生产效率，从而更有效地满足组织成员的生存需求。因此，当一个人被拥护为组织的领导者后，他便成为组织精神文化的引领者，其言行代表的就不再是一己之私，而应该是组织大义。

"动机至善、私心了无"是稻盛和夫成功哲学方程式中"思维方式"的延展，它的注入使得"思维方式"更加圆满。如果组织的梦想仅仅代表领导人的个人私欲，那么组织必将面临内外势力的颠覆；反之，如果组织的梦想代表的是团队的共同利益，那么组织的内核必将牢不可破。因此，伟大的领导者必是心系组织成员，必是对组织面对的内外风险负责，必是殚精竭虑地思考组织的健康持续发展。因此，当领导者以"动机至善、私心了无"的精神为组织描绘伟大的梦想，并让组织成员感知到梦想背后的意义后，大家的心和行动就会更纯粹，大家也就能更深刻地理解组织当下的战略，从而形成组织的长期发展观。

那么，如何做到"动机至善、私心了无"呢？首先，要放大格局，将自己置于更大的时空关系中去权衡利益，在空间上再延展些，在时间上再延长些，要践行"一荣俱荣，一损俱损"的利益观；其次，要心怀梦想，不忘初心，要有成就他人之心，不拘泥于一时之得，要践行长期主义；最后，要抵御诱惑，避免干扰，安顿内心，做到"不以物喜，不以己悲"，砥砺前行。

所以，描绘梦想只是开始，实现梦想才是关键，而实现梦想的关键是要形成组织凝聚力，做到"动机至善、私心了无"。

02 小善乃大恶

"善"与"恶"两字,相信大多数人并不陌生,对应的"好人好报""助人为乐""积德行善",对大多数人来讲也是耳熟能详。我们要知道,各个组织之所以能够"存在",其背后都有一套内部自洽的"善意系统",其最大的作用就是统一组织成员的价值观,达成行动共识。但是,由于价值观的不同,各个组织所形成的"善意系统"也就不同。有些"善意系统"是"靠谱、良质、长期主义",而有些"善意系统"则是"阴谋、短视、糖衣炮弹"。因此,在纷繁复杂的环境中,去区分"大善"和"小善",避免陷入"小善乃大恶"的陷阱,就显得尤为重要。

在现实中,我们会发现,任何组织的领导者,要想得到成员的信任,必须让团队成员感知到"善意",因为只有"善意感"在组织内部被感知,组织才能够形成。同时,我们还发现,事物有正反,人有好坏,任何组织要想维系和平,只需将防御系统打造得坚不可摧,组织就能够形成。可见,不管是何种价值导向的组织,没有谁会承认自己的"不善意",仿佛都有着深明大义的"立场"。

那么,回归我们自身,应该拥护何种"善意"的组织呢?

首先,所拥护的组织要符合"人道主义价值观",要打破狭隘立场,站在人类和平共处的角度去维系"爱"和"善意";其次,所拥护的组织要符合"长期主义发展观",要摒弃短期利益,坚守做难而正确的事情,维系组织健康持续的发展;最后,要鞭策团队成员正心、正念、正行,重视团队成员心智和能力的同步磨砺,贯彻"终身学习成长观"。因此,我们要懂得,当一个组织在宏观上有着"人道主义价值观""长期主义发展观",在微观上有着"终身学习成长观",这样的组织所倡导的言行才是"大善",才是应该拥护的"善意"组织。

但现实中,往往有些人由于认知水平低,能力不足,导致活在"小善大恶"中而不自知。我们要知道,人是为需求而生,为希望而奋斗。追逐更好的物质和精神生活,是人的原始本能。

我们要明白,在这个过程中,"小善"和"大善"都会纷至沓来,此时,如何抉择?一种是好逸恶劳、投机倒把、三心二意、急功近利;一种是仰望星空、脚踏实地、专注投入、延迟满足。前者代表的是狩猎文明,后者代表的是农耕文明。前者强调掠夺资源、前期富足,后期匮乏,颠沛流离;后者强调精耕细作,前期积累,后期爆发,健康发展。显然,前者是"小善大恶",后者才是"大善大德"。因此,智慧的人,一定要懂得摒弃"小善",坚守"大善",做一个懂得取舍的人。

所以,虽然"小善"和"大善"对组织都有"善意",但由于出发点不同，组织的命运也就不同。"小善"的组织急功近利，浮于表面，不思进取，寅吃卯粮；"大善"的组织艰苦奋斗，砥砺前行，强大自身，抵御风险。因此，在现实中，我们一定要保持警惕之心，细心琢磨，避免陷入"小善"，务必坚守"大善"。

03 人生须时时反省

《苏格拉底的申辩》里讲"未经反省的人生不值得过",《论语》里也讲"吾日三省吾身",可见,东西方的哲学都强调了"反省"的重要性。人受认知边界的影响,对事物的看法各有差异,决策模型也就千差万别。《教父》里说:"能一秒钟看透事物本质的人,和一辈子都看不清的人,注定有着截然不同的命运。"这体现了洞察事物本质的重要性,而要做到这一点,关键在于具备反省力,从自己和他人的成功和失败中萃取智慧。

我们要知道,人与人拉开差距的关键因素是"决策思维"。2005年,美国国家科学基金会发表的一篇文章显示,普通人每天脑海里会闪过1.2万至6万个念头。也就是说,人在一个响指之间,会产生约65个念头,这就表明了人时时刻刻都在作决策。所谓"方向不对,努力白费",决策是人前进的灯塔,是指南针,是解决问题的第一性原理。

我们会发现,人从呱呱坠地到安然离世,一生的成长从本质上讲都是在锤炼人的决策思维。在现实中,有的人兜兜转转,离不开命运的魔咒;有的人蓄势待发,尽享命运的福祉。背后就是因为决策思维的不同。人存在于天地之间，日复一日，每一天都不会白过，每一刻都在影响着决策思维。那面临纷繁复杂的环境，应该如何决策呢？

要提升决策力，得从提升反省力开始。人只有时时反省，所有的经历才有价值。事实上，反省的过程就是经历沉淀为经验的过程。我们要明白，只有经验才能够对下一段人生起到指导作用。那应该如何通过反省将经历沉淀为经验呢？首先，我们要积极面对成功与失败，既不骄傲自大，也不一蹶不振，要对事物进行模块化分析，深入探索事物的内部关系，找到影响成功和失败的核心元素；其次，要对元素进行重构和创新，面对成功，要制订进一步提升效率的优化方案，面对失败，要制订改善方案；最后，当进入执行方案的阶段时，要不断地检查纠偏。事实证明，当对"计划、实施、检查、改进"不断循环时，反省带来的经验沉淀，就会大大地提升决策力。

时时反省不仅能够提升人的决策力，对企业和人类文明在创新迭代上也起着积极的作用。

从企业发展的微观上看，今天我们所看到的各行各业的翘楚，他们之所以能够获得如此颠覆性的成果，背后都离不开这些企业家对行业的反省创新精神。例如，网飞公司通过推出流媒体服务颠覆了传统的电影租赁行业；亚马逊通过在线零售模式颠覆了传统的书店和其他零售行业；苹果公司推出的手机以其创新的触摸屏界面和强大的移动计算能力颠覆了传统的手机行业；优步通过其移动应用程序和按需服务模式，颠覆了传统的出租车行业；特斯拉的电动汽车是对传统燃油汽车行业的颠覆。我们不难发现，事实上，正是由于这些企业家不断地反省创新，才诞生了行业内如此伟大的技术革新和商业模式！

从人类发展的宏观上，我们也发现，今天我们所看到的丰富多彩的物质和精神生活，都离不开后人站在前人的肩膀上，不断地反省创新。在宇宙观上，从盖天说到地心说，从日心说到广义相对论，再到绝对时空说；在能源上，从薪柴时代到煤炭时代，到石油时代，再到新能源时代；在信息传播上，从语言到文字，到印刷术，到电磁波，再到计算机技术。从此我们也不难发现，这些思想和技术的发明所推动的人类文明，背后都离不开各领域伟大的哲学家、科学家们敢于质疑反省，勇于创新迭代的精神！

所以，不管是对个人、企业、还是人类文明的发展，"时时反省"都是背后革新的推动力。我们要明白，这是与时间和效率赛跑的游戏，谁能通过反省，找到机会，占据主导地位，谁就能独占鳌头，"一览众山小"！

04 抱纯粹之心，走人生之路

人为什么会浮躁、焦虑、恐惧？因为期待太多，想控制太多，从而陷入"我执"的境地而不能自拔。所谓"不畏浮云遮望眼，自缘身在最高层"，我们要知道，一切皆浮云，人来人往，本就空空如也。那我们不得不思考，人生一世，到底在寻寻觅觅什么？

我们会发现，对于人而言，"来时一声哭，走时一身土""不带走一片云彩"，其最能触动人心的，其实就是每一个当下的感受。因此，如何经营好快乐感、幸福感、舒坦感、满足感，且在面对诱惑时，找到其中的平衡，就至关重要了。要做到这点，关键就在于要"抱纯粹之心，走自己的人生路"，让生命绽放自在！

能够做到"抱纯粹之心，走自己人生路"的人，心灵纯洁，方向笃定，步伐坚定；抵御诱惑，专注当下，延迟满足；观照内心，享受孤独，豁达自然。我们要懂得，人生的"存在"是靠能量驱动，一个能量不足的人，就会生如死灰，没有朝气。因此，点亮自己，照亮他人，创造价值，是提升能量的关键。可在现实中，我们时常发现，由于人的贪念、自私、狂妄，总是导致很多人在有意和无意中，伤人伤己，能量锐减。而且还失去了纯粹之心，从而让人迷失了双眼，失足长恨！

　　回溯历史的长河，我们会发现，随波逐流是一种选择，特立独行也是另一种选择。事实也告诉我们，凡是推动人类文明进步、留名青史的伟人，都有着对"真理"纯粹坚守的情操，每一次的推动或挫折都让他们热血沸腾。我们要铭记，对于他们这一世来讲，不管是黎明前的黑暗，还是黑暗前的黄昏，从时间的延长线上来诠释，都是沉淀的价值。每一次的"纯粹坚守"都给了后世无限想象的空间，也启迪着后世无限的创造。

　　翻开古今中外那些伟大的哲学家、思想家的生平，我们会感受到，他们一直在对宇宙万物的运行规则进行探索，试图建立一套信仰体系和公理体系，让人类明智，也试图建立起各行各业的工程体系，让人类获利。在探索的过程中，我们也看到了很多开拓者所经受的权威质疑和严峻迫害，甚至还有的人在所在时代穷困潦倒，声名狼藉，但很多人并未被打倒，他们从未改变追逐"真理"的纯粹之心，他们的精神代代传承，让后世敬仰。

　　试想，如果他们以追求权贵利益来指导行动，相信早就被湮没在历史的遗迹中了。事实上，就是因为他们抱着追求"真理"的纯粹之心，把答案留给时间，坚守走自己的人生路，才有了被世人景仰的功绩，才有了如今人类璀璨夺目的文明！

　　所以，"抱纯粹之心，走自己人生路"是一种经营哲学，它代表的是人生的利益观、奋斗观，折射的是人面对目标、诱惑、内心时的决策态度。也就是说，要扬弃个人物质和精神的"枷锁"，要回归本心，简简单单，纯粹、坚定地走自己的人生路，相信在快乐感、幸福感、舒坦感、满足感之间找到一个动态平衡，就能获得富足复利的人生！

05 具备真正的勇气

人在舒适的环境里待久了,意志就会消沉,行动就会变得麻木,从而容易缺乏挑战极限的勇气。而人只有生活在困境之中,尝到艰难,感受到差距后,细胞才能被激活,才能获得蓬勃向上的勇气。所以,勇气来自恐惧和希望之间的缝隙,它让人既紧张又兴奋,它是生命的力量。我们要知道,生活本不易,满地荆棘。抑郁是因为活在过去,焦躁是因为活在未来,但只有活在当下,才能获得平静。而要想获得"平静",唯有具备真正的勇气。

"宝剑锋从磨砺出,梅花香自苦寒来。"温室里培育不出耐寒的花朵,只有在严峻的环境里才能长出坚韧的梅花,这考验的是适者生存的勇气。人生是经历的总和,在人生的延长线上,哪有一帆风顺?所以,人的一生会遇到不同的人,不同的事。这些人和事就构建了人一生的故事。故事中有欢喜,有悲哀,有希望,也有遗憾。如果不具备真正的勇气,慷慨乐观地去面对这些喜怒哀乐,怎能过得好这一生?

那如何才能具备真正的勇气呢?具备真正的勇气,关键在于要有突破舒适区的魄力,要做连接外界的窗口,通过不断输入新的元素，重构舒适区，升级生态位；具备真正的勇气，关键在于要有克服个人恐惧的胆略，身体的行动力要先于内心的防御力，将自己逼入绝境，用行动来重塑内心；具备真正的勇气，关键在于要有接纳外界质疑的胸怀，要懂得坚守本心，排除噪声，紧盯目标，守住边界，永不放弃！

那世界上人有千千万万种，我们应该选择过怎样的人生呢？在现实中，不思进取的人会选择好逸恶劳、浑浑噩噩、蝇营狗苟的一生，而勇于拼搏的人，则会选择积极进取、价值创造、叱咤风云的一生。前者命已注定，身心早已泯灭，而后者，朝气蓬勃，未来无限可期。勇于拼搏的人生虽然有不确定性，但它是美好的。因为人生的美好本来就在于它的不确定性，因为不确定性，才可能让人有施展勇气的空间，才可以让人的潜能得到无限地发挥，创造出伟大的奇迹。

海伦·凯勒，一个在黑暗和寂静中找到光明的勇士，在失去听力和视力的情况下，没有放弃，而是通过不懈的努力，成为一名作家、教育家和社会活动家，她的故事告诉我们，即使在最艰难的情况下，勇气也能引领我们找到希望；尼尔·阿姆斯特朗，作为第一个踏上月球的人，他面对的是未知和巨大的风险，但他的勇气和决心，使他超越了恐惧，实现了人类的一大步；曼德拉，作为诺贝尔和平奖得主，被尊称为"南非国父"，在长达27年的监禁生活中，也没有放弃对自由和平等的追求，出狱后，他以宽容和勇气领导国家走向和解，展现了其非凡的领导力和勇气。从海伦·凯勒、阿姆斯特朗、曼德拉的故事，我们可以发现，人生可以通过具备真正的勇气，选择过不一样的人生，成为世界的榜样！

　　所以，具备真正的勇气是一种难能可贵的品质。它不仅能让身处逆境的人战胜恐惧，获得站起来的勇气，也能让陷入迷失的人心生力量，找到前进的方向！

本章小结：

本章讲的内容，首先是"动机至善、私心了无"的概念。简单来说，就是无论在组织、企业还是个人发展中，真正的力量来自纯粹的动机。当你不是仅仅为个人私欲服务时，而是把自己的目标和价值放在团队或社会的更大利益上，你才能凝聚大家的力量，实现共同的梦想。

其次，我们也探讨了"善"和"恶"这两个概念。我们经常听到"积德行善"，但并不是所有看起来是善的行为都真的是善。有时候"小善"背后可能隐藏着"大恶"，就像一些短期的、表面看起来对自己有利的选择，往往会带来更大的风险和危害。所以，我们要有智慧，知道如何辨别真正的"大善"，并且坚守长期主义，做那些虽然困难但对组织和社会真正有益的事。

再次，我们还讲到了"反省"的重要性。不断反省自己的决策，能够帮助我们从过去的经验中汲取智慧。只有通过反省，我们才能不断提升自己的判断力，作出更好的选择，甚至推动企业或社会的创新。

最后，我们提到，人生的目标并不在于追求外界的评价，而是要保持"纯粹之心"，走自己的人生路。当我们不被外界的诱惑左右，专注于自己的成长和追求时，人生才会更有意义。只有通过突破舒适区、接纳挑战，才能获得真正的勇气，去面对人生中的各种困难和选择。

所以这一章的核心其实就是:当你心中有大爱、大善,常常反思自己,勇敢面对挑战时,人生就会充满动力和意义。

下篇 企业经营

第九章

人生与工作

01 爱上工作

根据马斯洛需求层次理论，人有五个需求层次，分别是生理需求、安全需求、社交需求、尊重需求和自我实现需求。有需求才有成长进取的空间，才能产生蓬勃向上的力量。这五种需求也代表着五种人生境界，这是从观自己到观世界的思维跃迁，也是人生的成长指南！

生理需求和安全需求是观自己，解决的是个人生存问题；社交需求、尊重需求和自我实现需求是观世界，解决的是个人发展问题。人是社会的产物，人的发展是从个人创造到团队创造，从影响自己到影响他人的过程。就是因为有这样的需求层次，所以不管此时人身处哪个层次，都能有足够的张力，激发人对未知领域产生探索的渴望。如果你是学生，这种积极进取的状态就是爱上学习的状态；如果你是成年人，那就是爱上工作的状态！

有人可能会说，我没有那么远大的志向，衣食住行基本满足就可以了，我不用去爱上工作。其实爱上工作和拥有多少财富并没有直接关系，爱上工作就如爱上生活一样，这是一种生活的态度。难道生而为人，有人会说自己不爱生活吗？如果真的生活都不爱了，那才是对生命的亵渎。生命中有那么多美好的事物，如果你非要闭上双眼，做一个装睡的人，那谁又能叫醒你呢？

爱上工作就是观照本心，关注当下，全力以赴地攻克当下问题，获得心流感的一种人生态度。工作本身就是生活的重要组成部分，爱上工作的人才是真正地在爱自己。假如一个人浑浑噩噩，对工作懈怠，事事没有着落，这样的人虽然表面看似"悠闲"，实质既得不到成就感，又没有"关系"赋能，生活圈子就会一团糟。爱是相互的，当我们主动去表达爱，爱就会反哺我们，同样，当我们爱上工作，工作也会给我们带来种种收获。这才是人生该有的正确价值观。

人生攀登路上，流下的是汗水，收获的是风景。在路途中，我们时常会仰望高峰，但更多的是要脚踏实地。在梦想的召唤下，就算我们已经精疲力竭，就算路途坎坷，我们也能抵御"放弃"的诱惑，一路向前。前行的过程，对这份奋斗的"爱"也是各种滋味。攀登前，宏伟壮丽，是感觉上的"爱"；躬身入局，体能耗尽，是沉默上的"爱"；登上山顶，万分欢喜，是收获上的"爱"。人生旅程，山峰绵延不断，每一段征服山峰的过程也是在征服我们的畏难心理。就是在这样的不断锤炼中，也让我们更加懂得了"爱上工作"的意义！

所以，人生就是"过五关斩六将"的旅程。每一段经历都可以浓缩成"爱"的故事，心流涌动，振奋不已。当我们懂得爱上工作，爱上自己，爱上世界的意义后，我们也就能更加坦然地接受挑战，将工作和生活融为一体，谱写美好人生！

02 人生·工作的结果=热情×能力×思维方式

有目标的人生是航行,没有目标的人生是流浪。要过好这一生,我们首先要有项目管理思维,也就是要有以目标为导向来分解人生活动的思维。每一个活动都是人生的经历,对每一个活动的诠释也就构成了人生的意义。在现实中,有的人浑浑噩噩,活动轨迹总是在原地打转,陷入困境;而有的人却能意气风发,活动的轨迹风生水起,获得复利。这不得不让人产生疑惑:两种截然不同的人生,背后的关键性影响因素到底是什么?

稻盛和夫对此提出了最优解,这不仅影响了他自己一生,也影响了大量的追随者。他指出,要想获得复利人生,关键是要有一套成功哲学方程式,因为只有公式和定义才能触及事物运行的本质,才能将"成功的运气"转化为"成功的规律"。从稻盛和夫一生的成就来看,正是因为他有一套植入内心的成功哲学方程式,并且一生践行,才有了在他有生之年创建两家世界500强公司,以及在78岁高龄时将濒临破产的日航转亏为盈的功绩。这套影响着世界各国企业家的成功哲学方程式就是:"人生·工作的结果=热情×能力×思维方式。"

那何谓"热情"呢？热情是对某一目标的强烈渴望，是疯狂的追逐和热爱，它体现的是对事情的深入专注。我们要理解，与成熟人相比，年轻人最大的筹码就是"热情"，因为对年轻人来讲，没有能力和资源优势，竞争壁垒只有"热情"，它是对精力和体力的考量。

在职场上，流传一句话"8小时内求生存，8小时外谋发展"，人的一天24小时，除了睡觉的8小时，如何利用好额外的16小时，需要职场不断增长智慧。增长智慧最好的方式就是学习成长，因为学习成长是跑赢同龄人的筹码，它能训练人的工作思维和工作习惯，大幅提升工作效率。对于职场人士而言，学习成长遵循721法则，即70%的学习成长来自工作实践，向自己学习；20%的学习成长来自向同事学习，以优秀者为榜样；还有10%的学习成长来自书本或视频。我们不难发现，人生的学习成长90%在工作场所，所以如果要在学习成长上与同行者拉开差距，最好的策略就是聚焦当下事，100%地投入热情且疯狂地努力！

那何谓"能力"呢？能力与智商和经验相关，体现在人面对复杂事物时解决问题的能力。智商由先天基因和后天学习决定，基因是父母带来的，这点不能改变；学习是后天训练而来的，是改变命运的钥匙。

人的一生，无论是对基础学科的学习，还是对通识教育的学习，其目的都是在通过提升智商，启迪人从前辈的智慧中萃取解决问题的模型，从而提升能力。提升能力，除了智商，经验累积也尤为重要。人生是经历的总和，人生的沉浮、所见所闻、失败和成功都是宝贵的经历。

我们要明白，只有经历还不够，还要将经历升华为规律，沉淀成经验，才能增长智慧，提升解决问题的能力。因此，即使受基因影响，能力的起点各有不同，但只要坚持不懈地通过后天的学习和经验的累积，人的能力模型完全可以重塑！

那何谓"思维方式"呢？思维方式是人的世界观、人生观和价值观的总和。它是指人在面对选择时的判断标准，是方向的引领。

正确的思维方式是从小父母和老师就教给我们的一些做人的道德准则，如勤奋、利他、善良、吃亏、大义、知足等，就是这些简单质朴的词语，融入心中并指导行动，指引着人们不断地前进。在稻盛和夫的成功哲学方程式中，热情和能力都是正值，但思维方式却包含正值和负值。同样的能力和热情投入同样的事情上，如果思维方式一正一反，那结果就会截然不同。

也就是说，"方向不对，努力白费"，即使热情饱满，能力超群，但如果在错误的方向上投入，结果就一定是天壤之别。就像历史上青史留名的伟人和臭名昭著的恶人，他们做事的热情和能力都不分伯仲，但由于捍卫的思维方式完全相反，所以在历史上的功绩也就大相径庭了。愚蠢的固执或智慧的坚守，都充满着热情和能力，但由于背后思维方式的不同，人生的剧本也就不同了。

所以，好的人生·工作的结果，是热情、能力和思维方式的乘积，其影响力不是相加，而是相乘。在现实中，当我们以"目标"为导向，且深刻理解热情、能力和思维方式，并将此融入人生活动的点滴中，相信好的人生·工作的结果自然就会呈现。

03 认为不行的时候,正是工作的开始

做事情的层级不同,难度系数不同,效能也就不同。

第一层级是按照常识行动,不需要刻意练习就能够拥有的基础能力,这个层级"门槛"低,大多数人都能涉及,效能可以达到60分。

第二层级是按照技术行动,需要向高手学习,要刻意练习,要具备思维优势并竭尽全力才能做到,这个层级有一定的"门槛",属于永不放弃者,效能可以达到90分。

第三层级是按照艺术行动,不仅局限于向高手学习,关键是要具备颠覆性创造的能力,这个层级只属于少数人,效能可达95分以上。"常识""技术"和"艺术",三个层级三个标准,同时也代表三条不同的起跑线。

当处于"常识"阶段时,起跑线上人潮涌动,所遇到的问题不需要调用太多的智能和体能就可以解决,这就像登山初期,大多数人都能跟上;当进入了"技术阶段",难度系数增加,需要解决问题的能力也会增加,这就像到了登山的中期,有些人就会因为体力不支、信念不足而掉队;当达到"艺术阶段"后,环境恶劣,难度

系数剧增，只有非凡之人才能攻克，这就像到了登山的后期，完全要靠超强的信念系统才能支撑前进的步伐。

我们会发现，常识阶段的60分，技术阶段的90分，艺术阶段的95分，看似只是30分、5分的差距，实质上却是数量级的差距。这就像女士的箱包，从功能属性上看都是装东西，但不同层级的价格差距却是巨大的。低端市场的箱包对应的是"常识阶段"，它满足的是基本的功能需求；中端市场的箱包对应的是"技术阶段"，在功能需求的基础上，它还能满足体验需求；但当到了高端市场后，如爱马仕、香奈儿等，就不仅仅是功能和体验需求了，还要有尊贵需求，这已经上升到了"艺术阶段"。可见，每个阶段都是一个新的标准，能级越高，效能也就越高。而不断突破的过程，就是一个新的开始。

现实的历史告诉我们，所有的大成者，都是努力向"艺术阶段"跨越层级的人，他们虽历经艰难险阻，但永不放弃。

例如，爱迪生在发明电灯泡的过程中面临了无数次失败，但他没有放弃，而是将每一次失败视为向成功迈进的一步。最终，他的坚持和创新精神帮助他发明了电灯泡，彻底改变了人类的生活；又如乔布斯在被自己创立的苹果公司解雇后，并没有放弃，他认为这是一个新的开始，后来他创立了皮克斯动画工作室，并在重返苹果后，引领了公司的新辉煌；莱特兄弟在尝试制造飞机的过程中也面临了无数的质疑和失败，但他们坚信飞行是可能的，并持续进行实验和改进,最终实现了人类飞行的梦想;J.K.罗琳在《哈利·波特》被多次拒绝出版后,并没有放弃写作,她坚持自己的创意和梦想,最终这本书成为全球畅销书,并开创了一个庞大的魔法世界……

那当我们今天面对困难,感到"不行"的时候,从这些先行者身上,我们可以学到什么呢?

首先,要扩大心理承受度的阈值。如果要跨越到"技术"和"艺术"阶段,这不仅考验的是能力,更关键的是心智,因为人的能力只有在心智强大的情况下才能得到更大潜能的发挥。如果心智都崩塌了,能力也就枯竭了,所以一定要有意识地培养自己面对困难时的积极心态,要与困难为伴,做一个内核强大的人。

其次,要在绝境中发掘机会。要知道,当到了绝境时,感到"不行",这是大多数人的状态,此时的"放弃"就是"诱惑",这是正式启动"淘汰"的时候。因为资源有限,成功只会属于少数人,这时候更多的是屏住呼吸,庆幸自己又迈出了一步,相信"机会"就隐藏在绝境中。

最后,要相信行动的力量。大多数的失败者之所以出局,最大的原因是他们根本没有入局,他们是"语言上的巨人,行动上的矮子"。太多的理由抑制了他们前进的步伐。因此,我们要牢记:相信才有机会,被相信才会有结果。要相信每一步都是超越,每一步都是新的开始。

所以,当我们认为不行的时候,正是工作的开始。从"常识阶段"到"技术阶段",从"技术阶段"再到"艺术阶段"的层级跨越,既是对我们意念的挑战,又是新的机会。每一段都是一条新的起跑线,都充满着无限的可能。

04 要不断从事创造性的工作

在企业中，不断从事创造性的工作是职位晋升的核心。职位属性主要包括销售产品的岗位和研发产品的岗位。前者主要是指销售管理类相关岗位，后者主要是指研发管理类相关岗位。在企业管理中，职场的晋升路线一般分为管理线和专业线。

无论是管理线还是专业线，职位通常按照专员、主管、经理和总监来定级，每个岗位职级也会匹配相应的能力模型。在现实中，职位晋升是每位职场人士奋斗的目标，无论当前处于哪个职级，如果想要实现职位晋升，最快捷的方式就是通过不断从事创造性的工作，因为只有创造性的工作才能快速提升个人的工作能力。

为什么创造性的工作能够提升工作能力呢？在现实中，我们会发现，有的人能统领千军万马，而有的人却只能孤军奋战。人与人之间工作效率的差异，往往源于工作影响力的不同。对于大多数人来说，不想当将军的士兵不是好士兵，但前提是，是否已经是一个好士兵。我们需要了解将军和士兵的不同：将军的能力模型是排兵布阵、制定战略、统筹战术，而士兵的能力模型则是勇猛善战，具备冲锋陷阵的勇气。

那么，一个士兵如何才能成为将军呢？他需要具备超凡的战斗力，能从每一次战役中总结经验，复制能力，成为组织的榜样；他不仅要在行动上勤奋，关键是思想不能懒惰，要有解决问题的能力和智慧；他要在重复性的工作中，围绕"效率"寻找突破，向将军的能力水平靠拢。同理，如果一个人想要在职场中晋升，具备高维打低维的能力是跨越职级的关键。

那如何做到创造性地工作呢？关键在于心力、脑力和执行力。心力是使命、目标、信念，是做成一件事情的动力系统；脑力是解决问题的方法，是做成一件事情的思维系统；执行力是动作、过程，是做成一件事情的行动系统。动力系统、思维系统和行动系统缺一不可。

雷军曾说："不要用战术的勤奋掩盖战略的懒惰。"在现实中，我们会看到，凡是卓越的职场人士，必定是心、脑、行的结合体。人的懒惰不仅指行为的懒惰，还包括思想的懒惰。行为的懒惰是显性的，主要是指一个人在行动上不够积极，执行力弱；而思想的懒惰是隐性的，主要是指大脑的懒惰，是指面对工作时，没有效率提升的思维，只是机械地重复。如果面对一个思想懒惰的人，即使内心有目标，行动也勤奋，也只能算是低水平的重复，很难达到突破性的结果。

因此，要做创造性的工作，获得突破性的成果，心、脑、力都要跟上。在心力上燃起热情，在脑力上不断创新，在执行力上坚持不懈，通过不断重复、不断总结、不断创新，达成目标。

所以，不断从事创造性的工作，是提升职场能力必备的态度。从专员到主管，从主管到经理，从经理到总监，这是一个创造力不断提升的过程。如果工作只是在低水平上重复，缺乏创造力，那么心智和能力的成长就很难跟上年龄的增长，最终只会徒增皱纹，而不能练就真正的能力。

05 点燃团队的斗志

作为领导者，最重要的职责之一是点燃团队的斗志，激发团队众志成城，为梦想而战。人力资源是企业最大的财富，是企业创造力的源泉。人心齐，泰山移；人心散，任人侵。因此，点燃团队的斗志，在企业内外形成影响力资产和关系资产，并通过成就团队和客户获得案例资产，形成飞轮效应，是企业在行业内具备竞争优势的关键！

伟大的事业是由伟大的团队创造的，伟大的团队是由伟大的领导者带出来的。企业的日常运营围绕人、财、物开展工作，而"效率之争"是企业间的本质差异。亚当·斯密在《国富论》中提到"市场里有一只看不见的手"。正是这只"看不见的手"在调和着世界万物的平衡关系，引导着商品生产者、经营者不断调节人财物在全社会范围内的配置。所有事物在市场里都有其"价格"，这背后是"适者生存"的法则，也是"进化的力量"。

伟大的企业之所以伟大，是因为在这场"效率的博弈"中，它具备竞争优势，能存活下来，这背后的支撑力量就是团队的斗志。因此，领导者只有积极地点燃团队的斗志，智慧地优化各个环节的生存结构，提升资源配置的效率，人和组织才能在激烈的竞争中获得胜利！

人是为荣誉和价值而战的。作为组织的领导者，在日常工作中要保护团队成员的好奇心和探索欲，培养团队的决策力。因为拥有好奇心、探索欲和决策力的人更容易被点燃斗志，组织也更有希望。我们要知道，"斗志"的背后是责任感、行动力，也是价值创造的精神。领头人的核心职责是制定战略、确定边界、建立信任文化、点燃团队的斗志；而团队的核心职责则是义无反顾、责无旁贷地将战略落地。

所谓"疑人不用，用人不疑"，作为领导者，要敢于授权，接纳过失，给团队成长的空间。要明白，团队的斗志比评价事务的对错更加重要。企业的发展就如人的成长一样，都是在挫折和犯错中历练起来的。要相信，只要团队永葆斗志昂扬、积极进取，那么所有的过失都是最宝贵的财富，都将成为企业的无形资产。它就像根系一样，当向下扎得越深时，向上就更能枝繁叶茂。因此，要相信，领头人的"信任"能够激发团队的斗志，而"斗志"可以产生"弥补"的动力，让组织不断进化！

"行到水穷处，坐看云起时。"企业在发展过程中，不可能一帆风顺，不确定性总是接踵而至。团队的士气也易起伏，这时候，领头人的定力、勇气以及点燃团队的斗志至关重要。这背后考验的是领头人在困境中的心力和智慧。历史上以少胜多的战役之所以能取得胜利，关键就在于团队的斗志在士气上具有压倒性的优势。"山重水复疑无路，柳暗花明又一村"，前进的道路，方法总比困难多。只要团队的斗志不倒，峰回路转，就一定可以突围！

领头人在点燃团队士气上只是"引擎"的作用。领头人要懂得"太阳到最高的时候，影子要学会消失"。作为领头人，虽然最核心的工作是点燃团队的斗志，但同时一定要明白"上善若水，水善利万物而不争"的道理。一个组织的伟大，不是逞领头人的匹夫之勇，而是发挥团队自我进化的力量。靠个人激励，团队的士气很难持久，因为个体的能量是有限的。只有建立了一套高效能的进化系统，用系统的力量不断生发能量，才能让组织自主进化，抵御持久的风险！

所以，点燃团队的斗志是提升组织竞争效率的关键，是激发团队面对过失的勇气，是激励团队绝处逢生的力量，也是组织建立系统进化思维的引擎。

06 追求人类的无限可能性

自古以来，人类对宇宙未知领域的探索从未停止过。即使如此，我们对宇宙的了解可能还不到5％，还有大量的未知等待我们去解密。而这仅仅不到5％的探索，就已经给人类的物质和精神文明带来了翻天覆地的变化。同样，人类对自己精神和身体的探索也从未停止过，虽然目前也仅仅是冰山一角，但已经显著改善了人类的生活质量。

例如，在精神层面的探索，形成了人类丰富多彩的认知学派，让人能更多元地接纳自己，形成更完整的人生观。在身体层面的探索，让人类的健康状况得到了质的改善，平均寿命也在逐年提升。可见，无论是对宇宙的探索，还是对生命科学的探索，目前都还处于初级阶段，人类对未知领域的探索，依旧充满着无限可能！

人与动物最大的区别，在于人类依靠智慧征服世界。在生物界，人类的形体、力量和器官并不占优势。人类能够在漫长的物种博弈中存活下来，靠的就是智慧。人类能够将虚构的事物变成现实，能够制造和使用工具，能够建立思想共识系统。身体会衰老，力量会有极限，器官也会退化，但智慧的力量却是无限的。智慧的最大特点就是可以无中生有，因为想象力没有边界，所以创造力也就没有边界，而创造力正是解决资源有限问题的关键。

那创造力是如何解决资源制约的问题呢？从古至今，权力系统的更替之所以周而复始，一个重要原因就是资源阶段性的匮乏，会引发王朝民心不稳、权力系统动摇，造成阶级动乱。

在古代，王权争夺的最大资源是土地和人口。因为土地可以提供生活必需品，人口可以增强军事力量。但土地和人口本质上是一个矛盾体。新建国家时，由于战乱，农民大量死亡，土地长期闲置，导致土地肥沃而人口稀少。在这样百废待兴的情况下，人口会快速增加，土地肥力也会急速降低。一般不超过百年，就会又面临减产、饥荒、流浪、战乱、瘟疫等问题，从而陷入无法摆脱的"马尔萨斯陷阱"。

所以，历史的循环更替，其根本原因就在于生存资源的阶段性匮乏。

但人类对未知领域的探索之心从未泯灭。14世纪，各类思想热潮涌动，引发了文艺复兴、宗教改革、科学革命、工业革命，使人类从农业文明升级到工业文明、电子信息文明，乃至今天的智能文明。各国的关注点也从农业升级到工业、技术、人才、贸易、国防等维度。

对未知领域的不断探索，让今天的大多数人不再被饥饿、战争和瘟疫困扰。当实现了物质文明后，我们会看到，今天的精神文明也得到了显著提升。因此，从人类的发展历程中，我们可以看到，对未知领域的不断探索，是从根本上解决长久困扰人类生存资源匮乏问题的关键。这是人类独有的智慧所缔造的成果。

同样，当我们回到微观个体或所在企业时，会发现对未知领域的无限探索同样不可或缺。对个体和企业潜能的深入挖掘，同样有着无限可能，同样需要智慧的力量，同样得依靠创造力来解决制约个体和企业发展的资源问题。对于个体来说，可以通过终身学习，跨越认知"瓶颈"，打造个体"护城河"；可以通过社交高品质圈子，扩展连接圈，打造圈子"护城河"；可以通过进入有发展前景的企业，通过价值创造脱颖而出，打造组织"护城河"。

对于企业来说，可以通过建设一套全员共识的企业文化，建立企业的知识库，打造企业文化的竞争壁垒；可以通过上下游合作，优势互补，形成共创共赢的生态圈，打造企业供应链的竞争壁垒；可以通过在核心专利、法定许可、规模效应、价值创造上精雕细琢，打造企业在行业中的竞争壁垒。因此，无论是针对个人还是企业，当努力的方向明确后，都可以深挖到1万米深，10万米深，都有着无限可以探索的空间。

所以，人类的智能系统就像浩瀚的宇宙，深不可测。人类独有的智慧，给人类的想象空间插上了翅膀。只要敢想，就有做到的可能。每个人都有改变命运的权利，也拥有创造丰富资源的潜力。想想在过去几千年里人类水深火热的日子，再想想我们今天所面临的困难，不得不说，当下是在人类5000多年的历史长河里最好的时代。因此，任何人都没有理由说"我不行"，每个人都能生发智慧，都能创造出无限的可能！

本章小结：

不管你现在是在职场上拼搏，还是在为未来的事业打基础，有几个关键点，都是你需要好好想想的。

首先，工作不只是挣钱的工具，它是你成长、实现梦想，甚至找到自己真正的热情的地方。你要爱上它，因为当你真正喜欢你做的事，你就能全身心投入，收获更多。我们说的"心流状态"就是这样，完全沉浸其中，做得不仅轻松，收获也更多。所以，找到让你兴奋的工作，是打开幸福生活的第一步。

其次，"成功公式"——热情 × 能力 × 思维方式，要真正落地，每一个环节都不能少。只有这三者结合起来，你才能在职场上脱颖而出。热情是动力，能力是基础，而思维方式则决定了你能走多远。你要敢想、敢做，同时保持对自己和世界的清晰认知。最重要的是，保持积极的思维，不要总想着"做不到"。相反，每次觉得"做不到"的时候，正是你开始突破的时刻。

每个人在职场中都会面临自我怀疑、困境或者所谓的"瓶颈期"。但正是这些时刻，才是你最有机会成长的阶段。没有挑战，怎么有进步？所以，下次遇到困境时，不要害怕，它正是你飞跃的起点！

最后，记住，持续学习和反思是你职场成功的制胜法宝。没有什么比不断进步更重要的了。哪怕是做一些小的总结，看看自己做得对不对，能不能做得更好，都是在为未来铺路。工作中的每一份努力，都会成为你未来成功的基石。

第十章

经营之道，如烹小鲜

01 以心为本的经营

企业经营的核心在于团队的士气,因为士气能够为企业带来蓬勃向上的动力,同时也能让团队成员感受到奋斗的价值。那么,如何经营好团队的士气呢?关键在于"以心为本的经营",不断提升团队的物质和精神生活,让团队成员遇到更好的自己,富足自己,点亮企业,照亮社会!

随着国家进入"中等收入陷阱",各行各业越来越细分,经济增长速度也逐渐放缓。在这样的环境下,我们会发现,许多传统行业竞争激烈,利润微薄,生存艰难,要么受制于成本,要么陷入创新困境,要么面临资金短缺,"创业"几乎成了九死一生的局面。

深入分析,我们还会看到,当今企业的竞争优势也发生了翻天覆地的变化。过去谁拥有资源和资本,谁就有绝对的话语权;而今天,高素质的人力资源、供应链生态才起着决定性的作用。

对于今天的企业来说,面对更加活跃、自我意识强烈的年轻人,依靠过去的"控制""压榨""权位"已经无济于事,真正要把企业经营好,"攻心"才是关键。事实上,只有坚持"以心为本的经营",走进团队的内心,让团队成员感受到尊重和价值,形成众志成城的力量,才能激发出更强大的创新力和执行力,使企业在竞争激烈的市场环境中获得一席之地。

那么,什么是"以心为本的经营"呢?所谓"以心为本的经营",是指以"正心、正念、正行为本"来经营企业,这是一种"积善行,思利他"的经营原则。那为什么很多人难以做到"以心为本的经营"呢?

我们需要明白,由于人的生存本能需求,"趋利避害"是人的本能选择。但如果人的言行仅从"人性"本能出发,那么决策系统还只是停留在动物性的层面,这种思维不可能掌控庞大的组织。而之所以能够形成今天的人类社会,形成各个国家的意识形态,是因为有人的"专属意识力"在推动。正是这股力量,引发了人不断地虚构和反思,形成了"价值体系",才赋予了组织成员"以心为本经营"的意义。

因此,"以心为本的经营"是人类独有的一种经营价值体系,它代表的是"动机至善、私心了无",这是从"小我"到"大我"的跃迁,也是一种超越兽性、掌握人性、触及神性的经营哲学!

那如何做到"以心为本的经营"呢?首先,在个人的价值体系上,要遵循拼搏、正直、奉献、创新、知足的价值观,做"正确的人",行"正确的事",不违背头顶的道德准则;其次,在企业的价值体系上,要遵循更大组织系统所贯彻的商业竞争规则,如公平、公正、公开的行业准则,杜绝恶性竞争;最后,在国家的价值体系上，要站在国际和平、平衡、友好发展的角度去爱世界，抵制恐怖主义等违背人道主义的行为！

因此，"以心为本的经营"不仅强调从"人性出发"，回归"本心"，遵从内心最本质的道德准则，还强调从"小我"到"大我"，富有责任感和使命感地去维护更大尺度上的平衡关系。这样，我们也能更深刻地感受到，"以心为本的经营"是激发团队士气的动力源泉，是照亮企业家迷惘之路的"灯塔"，是顺应时代发展需求的一种经营智慧！

02 追求利润天经地义

企业经营的目标导向是追求利润，企业发展的第一战略是持续生存。如果没有利润，企业就如无源之水，无本之木，很难吸引优质资源抵抗风险；如果没有利润，团队生存艰难，大家看不到希望，企业就会缺乏士气；如果没有利润，企业家就会负债累累，陷入绝境，甚至精神崩溃。因此，利润是企业的命脉，是企业发展的血液，企业作为社会结构中的重要一脉，光明正大地追求利润，这并不可耻！

那么，企业光明正大地追求利润，国家为什么要支持，其意义到底是什么呢？要回答这个问题，关键是我们要弄明白，各国企业对各国发展起着何等作用？经营企业所代表的工商业文明对近代东西方世界格局起着何等作用？

回顾1840年的中英"鸦片战争"，外表看似中英双方政府之间的实力博弈，实质是中国代表的"农业文明"与英国代表的"工商业文明"之间的角逐。这一较量，直接让中国陷入了百年屈辱史，成为世界最落后的国家之一。

我们要知道，华夏中国的文化底层发展轨迹是农业文明所决定；西方各国的文化底层发展轨迹是由工商业文明所决定。前者受土地情结的影响，更多的是提倡自给自足，因此物质交换简单，文化保守；后者受土地制约的影响，更多的是提倡契约精神，因此跨区域物质交换丰富且频繁，文化开放。

在500年之前，历史的演变更倾向于华夏农业文明，在全世界的GDP产值中，华夏文明占据了1/3以上。但由于受困于农业文明的传统束缚，从明清开始，朝廷实行了"海禁"政策，推行一系列"闭关锁国"的政策，导致在近几个世纪的时间里，中国与外界世界隔离，造成信息闭塞，贸易中断。后来我们才发现，其隔离后果是惨重的，当清政府正在欢愉"康乾盛世"时，西方却已经在如火如荼地进行着文艺复兴、宗教改革和科学革命。这些颠覆式的改革创新，让西方各领域的思想如雨后春笋般蓬勃发展起来，这些力量加速了西方各国陆续进行资产阶级革命。

在这些"改革创新"的推动下，在第一次工业革命和第二次工业革命的驱动下，西方各国的物质生产越来越丰富。这让他们得以有底气，利用这一先发优势，快速占据世界落后地区的贸易港口，且加速与殖民地进行贸易互通。这些举措让西方在近代世界大变局中，找到了新的发展机会，获取大量的财富，从而实现国家GDP的快速增长，优先进入了发达国家行列。

在东西方的这一角逐中，我们不难发现，工商业文明以摧枯拉朽之势完胜农业文明，各国的战役也从领土战争转变成了贸易战争。从东西方历史演变的进程,我们会看到,从农业文明过渡到工商业文明,这是必然趋势,工商业文明才代表着更先进的文明。农业文明背后的第一推动者,并非企业,而是政府;工商业文明则相反,背后的第一推动者,并非政府,而是企业。

对今天的企业来讲,只有光明正大地追求利润,才能完成维护国家主权的使命,才能完成承载社会安宁的责任,也就是说,在世界之大变局的今天,企业对国家的发展起着非常重要的意义,它是重塑世界各国结构的关键力量!

当我们明白了企业对国家发展的重大意义后,我们就要知道,作为政府,给予企业发展空间,让企业在世界格局下具备竞争力,得以存活,这已经不再是国家的内部话题,而是世界话题,这已经是当今国与国之间竞争的筹码。

接触过基础经济学的人都知道,我们一般用GDP来衡量一个国家的经济发展水平,GDP=国内生产总值 = 私人消费 + 投资 + 政府消费支出 +(出口 − 进口)。从这个公式,我们就不难发现,如果要想提升一个国家的经济发展水平,关键是要各企业形成错综复杂的关系,在市场供需关系下,各自找到价量之秤,且产生足够多的交易,这才是核心。

企业要承担社会责任,肩负国家使命,就必须促进生产,要光明正大地追求利润,然后将利润反哺给社会、给团队、给发展,做到平衡各方利益。事实上,企业家追求利润就是在做减法运算。企业家的"解法"就是要以客户价值为导向，尽可能地提升销售额，最小化成本，最高效地提升利润，这是企业家必备的专业素养，也是企业家社会责任感的表现！

所以，企业光明正大地追求利润，这是历史演变的结果，是当今国与国博弈的筹码，既符合国家发展观，也符合企业发展观。

03 遵循原理原则

世间万物得以和谐运转，都源于背后遵循着各自的原理原则。万千世界，错综复杂，变幻无常，人类文明推动的意义就在于在"变化"中找到相对成立的原理原则，然后不断证伪，包容迭代。培根说"知识就是力量"，强调的是人类可以通过科学方法获得新的知识，从而掌握自然，增强人类的能力。因此，我们会发现，在过去人类科学革命的500多年时间里，人类通过科学的研究方法，探索到了各个领域的原理原则，并将其沉淀为"知识"，从而为人类创造了许多伟大的发明。

说到探索"原理原则"，我们就不得不追问，我们应该如何来认识世界的本质？哲学中有两大基本分支，分别是唯物主义和唯心主义，它们代表了两种对世界本质的不同认识。唯物主义认为物质是世界的本源，意识是物质的产物，它强调物质条件和经济基础对社会和历史发展的影响。

唯物主义者通常认为，世界是可以被科学方法研究和理解的。而唯心主义则认为意识、精神或理念是世界的本源，物质世界是意识或精神的反映，它强调精神、思想和文化在社会和历史发展中的作用。唯心主义者通常认为，世界的本质超越了物质，需要通过哲学和精神的探索来理解。

在东西方的哲学体系中，我们都能找到这两种观点的应用。东方的农业文明，地理环境封闭，强调"天人合一""君君臣臣，父父子子""仁义礼智信"，它围绕人伦观来诠释世界本质，更偏向于唯心主义。西方的工商业文明，地理环境开放，强调"宇宙本源""理念世界""契约精神""科学分析"，它前期围绕宇宙观，后期结合人伦观来诠释世界本质，唯心主义和唯物主义在此并无明显优劣之分。实际上，无论是唯心主义还是唯物主义，探索世界本质就是在探索事物运行的原理原则，它们都是在通过不断更新迭代，找到洞察事物的"最优解"。

那在探索"事物原理原则"的过程中，人类是如何找到科学的分析工具的呢？1687年，牛顿发表了《自然哲学的数学原理》，这本书简称《原理》，是牛顿最重要的科学贡献之一，标志着经典力学体系的成熟，它的诞生成为近代科学的一个标准尺度。从此以后，科学创造不再是凭运气获得。科学家们通过《原理》拥有了一套科学的研究方法，从而不断地揭开了各领域事物运行的"原理原则"，这对后来的产业革命也起到了决定性的影响。

当科学的大门被打开，"创新创造"就成为近几个世纪离不开的话题。我们要知道，问题的产生源于感受到信息的混乱。要想解决问题，关键在于掌握一套筛选信息和处理信息的分析工具。无论是"唯心主义"世界观给人力量,还是"唯物主义"世界观给人方法,这都是在辅助我们如何探索事物运行的"原理原则"。当我们探索到、理解到、再坚定地执行到时,我们才能真正"拨开云雾见天日,守得云开见月明",解决实际问题。

所以,每个人看到的世间万物运行规律是不一样的,有人看到的是混乱、危机,有人看到的是秩序、机会。背后最大的原因就是,有的人能够探索到事物运行的"原理原则",而有的人却感受到"云里雾里"。因此,不断学习,提升认知,掌握跨学科的知识模型,懂得科学的分析工具,拥有将"无序"转化为"有序"的能力,遵循事物运行的"原理原则",就能获得高效能人生的经营智慧。

04 客户至上主义

"贯彻客户至上主义"是商品经济得以"存在"的必然条件。因为商品经济源自发现并满足客户需求,有了"需求""交易"才能成立,有了"交易",企业才能"生存"。因此,以"客户为上"的原则开展生产、进行交易,是企业的生存之道!

那么,企业如何生产产品,才能满足客户需求呢?客户需求主要指物质需求和精神需求。物质需求对应的是产品的功能价值,精神需求对应的是产品的情绪价值。功能价值是指产品所具有的实际使用价值,它代表的是产品的物质属性,表达的是产品的实用性、效率、质量和成本效益;而情绪价值是指用户与产品之间的情感联系,它代表的是产品的精神属性,表达的是产品的审美、情感联系、品牌形象、体验以及个性化设计。

从任何行业商品经济的发展轨迹来看,产品升级都有三个步骤:功能属性、体验属性和个性化属性。在任何商品诞生的初期,市场空白,供小于求,客户对产品缺少可对比选项,商家通过满足客户的实用需求就可以开拓市场,获得"红利",这时的竞争筹码是产品的"功能";随着竞争者涌入,客户可选择项增多,竞争开始加剧，价格开始波动，此时商家必须通过对产品的易用性、交互性、视觉和听觉等元素进行创新，才可能抵御价格的波动，这时的竞争筹码是产品的"体验"；随着行业竞争进入白热化，商品可选项琳琅满目，价格战猛烈，此时商家只有通过满足不同用户的个性化需求和偏好来量身定制产品，做精做细，才能获得生存空间，这时的竞争筹码是产品的"个性化"。

从以上产品升级的三个步骤，我们不难发现，任何行业的发展越往后走，产品竞争必然越发激烈，如果产品设计一成不变，越往后走，必然是无利可图。因此，只有贯彻客户至上主义，不断挖掘客户需求，做精做细，商家才能有生存空间。

当我们明白了"贯彻客户至上主义"的重要性后，我们就要思考，如何贯彻客户至上主义？

首先，在产品设计上，要不断创新。回顾人类文明的发展史，我们会发现，所有产品设计都是为了解决人类衣食住行的物质需求和安顿人心的精神需求，只是由于科技和艺术的融合程度不同，不同时代的产品呈现形式不同而已。在满足客户需求上，创新的探索是永无止境的。

其次，在产品交付上，要以客户价值为第一导向。在现实中，我们会发现，大多数产品都是标准产品，大多数的销售和交付也是人为在推动，对产品的想象和实际难免会有差异，甚至会有差池。这时面对客户的质疑，拥有坦诚、反省和改进的态度就很重要。

最后，在产品盈利上，要践行企业的持续发展观。不能通过降低成本和质量来增加利润，也不能为了销售而夸大其词，只能通过技术和管理创新来降低成本和提高效率，只能通过实事求是来维护企业的公众形象和长期发展。

我们会发现，在商品经济中，"贯彻客户至上主义"的最大难点是如何确保商品的价格。这里涉及两者之间的平衡问题。要回答这个问题，我们首先要明白决定商品价格的因素是什么？商品的价格主要由生产成本和交易成本决定。我们要知道，生产成本是由生产商品所需的人、财、物决定，而交易成本则主要由传递商品价值过程中的信任关系决定。

在现实中，企业家如果要确保商品价格，正确的做法是，可以通过引进新技术、扩大资源开发、优化组织结构和流程等措施来降低生产成本；可以通过技术和资源重组，优化信息传递的真实性和便捷性来降低交易成本。事实上，通过贯彻客户至上主义，让客户感受到真诚、安全和放心，就能够真正做到确保商品价格，让企业具备核心竞争力。

所以，"贯彻客户至上主义"是建立企业与客户信任关系的基础，是企业长期发展的条件，是全员要秉承的价值观。也就是说，企业只有从客户需求出发，不断提升产品创新力；从态度出发，不断提升交付的亲和力；从价值观出发，不断提升产品的信赖力，才能让企业得到更好的发展。

05 以大家族主义开展经营

"以大家族主义开展经营"体现的是一种"家"的文化,它指的是企业成员之间要像家族成员一样,实现无私的相互关怀、珍视和奉献。"家"代表着纯粹和信任,是心灵的港湾,是人们在尘世中可以卸下包袱的场所。而"大家族"则是"家"的延伸,它是"小家"中爱和价值观的扩展。因此,以"大家族主义"为指导的企业,更温暖、更有力量,更能抵御风险,也更能够实现目标。

在不同的历史阶段,"以大家族主义开展经营"的含义有所不同。传统意义上的大家族是指以血缘关系为纽带而形成的组织形态。从原始社会形成的氏族公社,到出现剩余生产资料后形成的奴隶社会,再到以王公贵族为基础,通过封疆建国而形成的封建社会,我们都不难发现,在这些阶段,是有着"血缘关系"的大家族推动着社会的进步。后来,封建社会因权力关系失衡而瓦解,从此,以泛血缘关系为基础的社会形态被推上了历史的舞台,权力结构也从"任人唯亲"升级成了"任人唯贤"。事实上,随着社会组织形态的多元化发展,许多企业的发展轨迹也呈现出从血缘关系到泛血缘关系的转变。

今天，"以大家族主义开展经营"已不再局限于血缘关系，而是延展到了企业的全体员工。这种经营理念不仅赋予了企业"集体感"和"利益感"，还赋予了企业"边界感"。"集体感"让组织之间有了"信任"，"利益感"让组织之间有了"目标"，而"边界感"则让组织之间有了"竞争"。实际上，正是因为"信任""目标"和"竞争"的存在，才能让企业成员更有责任感、使命感和危机感地前行，实现企业稳步健康地发展。

在现实中，我们会发现，许多知名企业之所以取得辉煌的成就，关键就在于他们将"以大家族主义开展经营"的理念内化于企业文化之中。

例如：

##丰田公司内部鼓励员工像家族成员一样互相支持，共同为提高生产效率和质量而努力；

##华为的员工持股计划体现了大家族主义精神，让员工感受到自己是公司大家庭的一部分；

##星巴克的"伙伴"文化让员工感受到自己是公司大家庭的一部分，这种文化也帮助星巴克在全球范围内建立了强大的品牌忠诚度。

那么，如何"以大家族主义开展经营"呢？首先，要形成共同的信仰系统，像对待家族成员一样相互爱护，建立彼此的信任，并将其作为成员判断事物的标准。其次，要形成共同的目标系统，不断提升成员的物质和精神水平，在竞争中占据生存优势，这是"大家族"经营的战略导向。最后，要形成共同的执行系统，针对目标要愉快地义无反顾地执行，用不断的行动去履行承诺，并对结果负责。

所以，"以大家族主义开展经营"体现了企业经营的核心价值观。蕴含着企业家对企业成员的爱、责任和奉献。"以心换心"，当企业家做到将企业成员当作"家人"时，就更易提炼出共同的精神信仰和物质目标，就更能促使企业成员形成坚定的信念体系和执行体系，也就能使企业的基础更加稳固。

06 贯彻实力主义

"贯彻实力主义"是一种必备的经营思维。"实力"是指人或组织应对环境不确定性的能力，它代表的是人或组织的生态位、话语权和影响力。因此，面对资源有限、竞争激烈的环境，人或组织如果要生存和发展，通过奋斗拥有实力，从而获得资源优势，这是成长的唯一选择！

没有实力的人或组织往往阶层固化，圈子杂乱，受人欺辱，难以突破；没有实力的人或组织通常认知贫瘠，思维浅薄，行为笨拙，容易迷失；没有实力的人或组织可能资源匮乏，创新不足，竞争力弱，易被淘汰。民国时期的第一任外交总长陆徵祥曾说"弱国无外交"，强调"落后就要挨打"，邓小平在1992年南方谈话时也提出"发展才是硬道理"。可见，"贯彻实力主义"是多么重要！

以华夏文明5000年的国力动荡为例。在明清之前，中国的GDP占据世界的1/3以上，此时，无论是经济、文化还是科技都领先于世界，各国对东方文明充满向往，即使历经艰难，也纷纷涌入中国朝拜。然而，明清时代，历史翻转，西方各国的经济、文化和科技崛起，国力大增，而中国的发展速度已远远落后。1840年的鸦片战争彻底让中国沦陷。1978年中国开始改革开放，在40多年时间里，伟大的复兴之路让中国人看到了曙光，中华儿女经过艰苦奋斗，砥砺前行，如今终于成为世界第二大经济体。

以影视明星黄渤为例。他说："不要责怪你身边没有好人，你红了后身边都是好人。"在成名之前，他曾遭遇过无数的冷眼和嘲讽，甚至因为长相不够出众而被人拒绝，但他从未放弃，始终坚持自己的梦想，不断磨炼自己的演技。在成名之后，黄渤发现身边的人突然变得友好起来，那些曾经对他冷嘲热讽的人，如今都纷纷向他示好，希望能与他合作，而那些曾经看不起他的人，如今也都纷纷向他道歉，希望能得到他的原谅。

从以上两个案例，我们都不难发现，"贯彻实力主义"，不管是对组织的发展还是个体的成长，都至关重要，背后蕴含着扬眉吐气的底气以及乘风破浪的勇气。

那如何"贯彻实力主义"呢？中国《易经》中提到的人生成长六阶段对"贯彻实力主义"诠释深刻。

第一阶段叫"潜龙勿用"，是指在时机不成熟或自己能力不足时，应积蓄力量，等待时机；第二阶段叫"见龙在田"，是指经历潜藏积蓄后，要抓住时机崭露头角；第三阶段叫"终日乾乾"，是指提高警惕，不要因小成就而自满，应时刻反省自身；第四阶段叫"或跃在渊"，是指抓住机会，努力拼搏，将事业推向高峰；第五阶段叫"飞龙在天"，是指事业达到巅峰，处于大展宏图的好时机；第六阶段叫"亢龙有悔"，是指事物发展到极致后，应懂得进退，保身保富贵。可见，"贯彻实力主义"是有节奏感的，是有逻辑性的，是充满哲理的，在不同的阶段，思维和行动的表达方式是不同的。

所以，"贯彻实力主义"，是组织和个体经营的筹码，它表达的是奋斗的力量、实力的较量和决策的智慧。在现实中，只有坚决地"贯彻实力主义"，才能让组织或个体在竞争的环境里，拥有更多的话语权和影响力，占据更有利的竞争生态位。

07 重视伙伴关系

企业是社会经济体的基本盈利单位，而推动这一基本单位的核心力量是企业里的每一位伙伴。我们要知道，"大家"由"小家"构成，只有"小家"和"大家"共担共荣，才能促进企业和社会的健康发展。因此，作为企业的领导者，关键责任就是要激发伙伴们的善意，重视伙伴关系，不断提升伙伴们的物质和精神生活，只有这样，才能点燃伙伴们的激情，驱动伙伴们共赴企业的使命和愿景！

面对资源有限、竞争激烈的市场环境和人才环境，企业和伙伴应该如何自处呢？首先，对于企业来讲，面对激烈的市场环境，要获得生存空间，必须打造竞争壁垒，而打造竞争壁垒的关键就是要吸引优秀伙伴，建设命运共同体，然后调动伙伴们的智慧，共同创造资源，抵御市场竞争；同样，对于伙伴来讲，面对激烈的人才环境，要获得生存空间，也必须打造竞争壁垒，而打造竞争壁垒的关键就是要共建优秀组织，然后发挥个人所长，分工协作，提升效率，抵御人才竞争。

可见，不管是针对企业的发展还是伙伴的成长，大家面对的困境和目标都是一致的，如果要发展，就必须进步，如果要进步就必然要竞争，如果要竞争就必须合作！

那么，什么样的伙伴关系促进企业发展，什么样的伙伴关系又阻碍企业发展呢？企业和伙伴的发展是相互塑造的过程，优秀的企业造就优秀的伙伴，落后的企业造就落后的伙伴。企业的使命、愿景和价值观需要伙伴们来传承，企业的目标需要伙伴们来实现。因此，如果要实现企业目标，一套匹配责权利的组织架构就至关重要。组织架构就像人的身体，部门就像人的器官，成员就像人的细胞，只有每个成员充分发挥其潜能，每个部门充分发挥其职能，整个组织架构才能健康运转。这就如人的细胞如果发生病变，就会殃及整个身体，如果企业里的某个伙伴成为毒瘤，就会殃及整个组织。所以，优秀的企业要重视伙伴关系，要关注伙伴的良性成长！

那么，如何"重视伙伴关系"呢？首先，精神共建，要建设一套全员遵循的企业文化，要关注伙伴们的内心成长，要历练伙伴们的心智，培养伙伴们学会自处和化解冲突；其次，物质共建，要建设一套全员共识的经营管理体系，要激发全员斗志，要以目标为导向，贯彻全员参与经营，做到财务透明，体系明确，诚信待人；最后，发展共建，要对企业做长远规划，要建设企业发展壁垒，要将"红利期"的资源转化为企业的发展势能，要有风险意识，为伙伴们的生命周期负责！

所以，"重视伙伴关系"是将企业的发展与伙伴的成长紧密结合的一种经营理念。它代表的是企业和伙伴的共同成长观、竞争观和持久观，背后既有责任也有担当，需要全员共勉！

08 全员参与经营

企业经营是指企业家带领团队围绕产品,以利润为导向,坚守长期发展观的一种社会活动。从中我们会发现,企业经营的关键词是团队、产品、利润和长期发展观。我们要知道,团队是企业经营的主体,产品是企业经营的着力点,利润是企业经营的目标,长期发展观是企业经营的理念。那么,其中推动企业经营的核心力量是什么呢?回答一定是企业的经营主体——那就是团队。因此,号召全员参与经营,构建命运共同体,践行长期发展观,就是实现经营利润的关键。

那如何理解团队是企业经营的主体呢?人类作为万物之灵,最大的特点就是只要能想到,就能调动一切资源尽力做到。在近5000年的人类文明史中,那些璀璨夺目的思想和不可思议的创造就足以说明这一点。我们要知道,企业的最小单位是个体,个体的凝聚形成团队,团队的作用成就企业。因此,我们可以相信,只要最大限度地解放团队的思想,最大限度地发挥团队的智慧,最大限度地激励团队的行为,将团队的心智与企业的发展紧密结合,构建命运共同体,那么企业在市场中就一定具备核心竞争力。

那如何将企业和全员构建成命运共同体呢？关键在于号召全员参与经营。全员需要深刻理解公司的战略，清晰公司的战术，领会部门的职责，承担个体的义务；全员需要关注经营数据，提升业绩，降低成本，维护利益；全员需要贯彻企业文化，理解其意义，共荣共担。我们要相信，当构建命运共同体，全员参与经营后，企业和全员就是一体，就能影响全员把企业当作"家"，把同事当作"亲人"，把经营当作"传承"，大家荣辱与共，共赴美好未来。

那在历史的演变过程中，企业和个体是如何逐步实现融合的呢？在工业革命早期，商品交换主要围绕手工业产品展开，那时企业的竞争力主要体现在资本和土地，企业和个体是依附关系；到了工业革命中后期，商品交换变得更加丰富，区域跨度扩大，那时企业的竞争力主要体现在管理和规模，企业和个体的关系转变为雇主与雇员的关系；到了信息时代，个体的创造力让商品交换突破了实物，虚拟产品层出不穷，此时企业的竞争力主要体现在人才和技术，企业和个体也随之转变为合作关系。

我们从现代企业的发展轨迹中不难发现，随着人类物质生活的不断满足和技术的不断革新，企业的核心竞争力也从资本和土地转向了人才和技术，人的创造力已成为企业最宝贵的财富。因此，我们可以预测，在AI时代，人作为超级个体的作用将不可估量，企业和个体的融合度会更强，未来的企业必定是全员参与经营的结果。

所以，"全员参与经营"是未来企业发展的必然趋势，也是企业的核心竞争力。相信企业和个体只要围绕共同目标,相互成就,未来一定会更加美好。

09 统一方向，形成合力

领导者的核心工作是统一团队方向，形成团队合力。这背后考验的是领导者的思维力和共识力，即如何拨开团队的迷雾，让团队看到青天的能力。因为只有当团队成员明白了做事情是"为什么"，心中产生的力量才能更持久，执行力才能更强。

由于人的经历和知识不同，认知也就各异。那何谓"经历""知识"和"认知"呢？所谓经历，是指发生在人身上的故事，那些遇见的人，做过的事，读过的书，走过的路，都可以丰富经历。

所谓知识，是指人主动去获取的经验，无论是向他人学习还是自我反思，都能增长知识。而认知，则是指人面对事物时，有能力将自己的经历和知识提炼出智慧，洞察事物本质的能力。

显然，经历的丰富、知识的渊博以及思考的深度决定着认知的层次。事实上，在现实中，无论是组织还是个体的竞争，归根结底都是认知的竞争，都遵循着高维对低维的优势。因此，组织和个体想要在社会和人生的博弈中占据一席之地，关键就在于要通过不断提升认知，让自己拥有压倒性的格局和境界，让自己具备竞争优势。

我们要明白，当领导者的认知提升时，其思维力和共识力也会随之增强，进而就能够更高效地统一团队方向，形成团队合力。那么，应该如何理解"统一方向，形成合力"呢？"统一方向"意味着通过战略共识，触动团队心灵，让团队理解战略背后的意义，从而激发团队的使命感和责任感；"形成合力"则意味着通过战术共识，激发团队斗志，让团队理解战术背后的意义，从而激励团队全力以赴。因此，当组织实现"统一方向，形成合力"后，组织内就能形成一套全员拥护的思维方式和行动纲领，就会大大消除组织内耗，组织的效能也会得到快速提升。

"统一方向，形成合力"为什么如此重要呢？其实，人类文明的发展历史最能深刻诠释这一点。回顾古今中外，各国对图腾的崇拜，各文明对宗教的信仰，各王朝对传承的认同，各公司对文化的共识，各个体对契约的维护，这些都充分诠释了"共识"的重要性。因此，"共识"是思维方式，是方向，是形成合力，推动人类文明不断进步的力量。试想，如果今天世界各国缺乏"共识体系"，那么世界和平将不复存在，结果将是残酷的，战争频仍，掠夺成性，组织崩溃，普罗大众难有安身之处。

那如何"统一方向，形成合力"呢？

首先，要理解什么是"生态位"。生态位代表的是一种资源优势，是指能够调用的内部和外部资源，它是战略设计的出发点。就像世界上很难有两片一模一样的叶子，不同的资源，匹配的战略也不同，这也告诉我们，成功只能学习，但很难雷同。

其次，要分析对方的生态位。共识来自需求，也就是"你有病""我有药""我的药能治你的病"。共识的前提是你能够给对方带去什么价值。问题是，在现实中很多人不知道自己的"病"是什么，也就是"不自知"。因此，共识的关键是要帮助对方分析自己的生态位，比如自己的优势是什么，劣势是什么，与同类人的比较如何，与更优秀的人的差距在哪里，以及资源缺失的背后原因是什么。实际上，现实中很多人喜欢伪装，自欺欺人、狂妄自大或妄自菲薄。所以，共识的关键在于引导对方认识自己和环境，同时还能心生力量。

最后，分析自己能给对方带去什么价值。社会中的所有关系，都是基于价值创造，因为有价值的关系才能持续且有力量。因此，要让对方感受到自己有能力帮助他成为更好的自己。

翻开历史，追溯那些王朝更替的原因，我们也会发现，背后往往就是因为统治阶级缺乏共识力的结果。由于缺乏共识力，王朝不能统一方向，不能形成合力，各种负面势力乘虚而入，导致内部控制力和外部破坏力失衡，导致民众的离心力和王朝的向心力失衡，结果就是王朝内忧外患，濒临灭亡。可见，如果王朝失去了思维引领的能力，人心就会涣散，方向就会迷失，合力也再难形成，王朝的根基就难以稳固。

所以，"统一方向，形成合力"，需要领导者不断提升认知，用高标准的思维力和共识力,引领团队形成共识的思维方式和行动纲领,共同追求目标。其实这就是对领导者智慧的考验!

10 重视独特性

股神巴菲特曾说："当别人害怕时，你要贪婪；当别人贪婪时，你要害怕。"阿里巴巴创始人马云也说过："商机面前，多数人都是：看不见、看不起、看不懂、来不及。"从这些话中我们可以看出，巴菲特和马云在面对复杂多变的环境时，都展现出了独特的思维方式和清醒的头脑，他们不随波逐流。然而，在现实中，有些人在看到别人宣传暴利时，却表现出思维的僵化和急躁，盲目跟风。这表明，不同的思维方式决定了不同的事业格局。因此，对于组织来讲，要想获得竞争优势，创始人必须重视组织的独特性，并发挥其竞争优势。

要成为一个具有独特性的组织，首先，组织的文化要开放，要包容，要能够激发个体潜能，允许个体表达意见。例如，组织可以定期举办吐槽会议，收集内部信息，消化负面信息。其次，组织的创新要大胆，要勇于探索，敢于引入新思想，要改革结构，提高效率。例如，组织可以定期参加行业峰会，进行市场调研，提升产品竞争力，优化运营模式。最后，组织的思维要提升，要拓宽团队的视野，提高境界，要占据行业生态位。例如，组织可以扩大招聘范围，提升行业品牌影响力，吸引具有独特性的国际人才加入。当组织实现了文化开放、创新大胆和思维提升后，组织的势能将得到提升，解决问题的能力也将得到增强，组织的独特性也将逐渐建立起来。

当一个组织具备了"独特性"，就意味着它拥有了更高维度的竞争优势。经济学中有一个著名的"二八法则"，它表明，在任何事物中，20%的主体通常占据着80%的资源。因此，当一个组织重视独特性后，它就已经站在了金字塔的顶端，拥有了压倒性的优势，能够调动更多资源，实现战略目标。在现实中，我们会发现，一个重视独特性的组织，会坚持自己的道路，不随波逐流，坚守原则，发挥优势；一个重视独特性的组织，会尊重思想、创新、发展和个性的多样性，允许犯错，重视发展的活力；一个重视独特性的组织，在面对挑战时，会遵循第一性原理，从根本上解决问题，提升组织效能。

回顾历史，哲学的发展、科学的进步、技术的革新、商业巨头的崛起，背后都离不开伟大思想的推动。而伟大的思想之所以伟大，就是因为它们在前人思想的基础上，在不断进行创新。正是这些"独特的创新"，才推动了人类文明的不断进步。我们可以看到，在过去500多年的时间里，哲学、科学、技术和商业快速的发展，极大地提升了人类各行各业的生产力，改善了人类的生产关系，显著提高了人类的物质和精神生活水平。这些都是连续不断的

"独特创新"所带来的发展动力。

因此,"重视独特性"代表了一种不随波逐流、积极进取的精神。它意味着革新、进步,是一种伟大的创造。它是任何个人或组织想要脱颖而出,具备核心竞争力的必备工具。

11 玻璃般透明的经营

企业由个体组成，个体就是一家公司的细胞。企业创始人对企业经营结果负责，而个体对自己的人生经营结果负责。企业之所以"存在"，是因为组织力量的推动，其背后的底层逻辑是分工协作，效益优先，成人达己。因此，企业创始人要清晰地认识到，要想将企业经营好，关键在于要在企业内部贯彻"玻璃般透明的经营"原则，激发全员斗志，明确责权利，共创共赢。

"玻璃般透明的经营"意味着信息透明，多方监督，自我勉励，让员工、客户和社会放心、安心，它代表的是一种信任文化；它意味着共识体系完善，没有内耗，沟通高效，更能激发全员的创新力和竞争力，它代表的是一种效率文化；它还意味着责权利明确，激励体系清晰，财务透明，更能激发全员的主人翁意识，它代表的是一种责任文化。因此，贯彻"玻璃般透明的经营"原则，能够促使多方形成合力，构建出命运共同体，助力企业健康持续的发展。

那么，如何做到"玻璃般透明的经营"呢？

首先，在信息传递上，企业内部要形成信任文化，让全员了解企业经营的状况，接受公众监督，做得好的要公开表扬，做得不好的要敢于公开反省，敢于对员工、客户和社会作出承诺，这考验的是企业面对质疑时的勇气。

其次，在相互协作上，企业内部要形成效率文化，培育全员无私的思维方式，协作上对事不对人，杜绝帮派，保护全员的创新活力，形成企业清新的工作氛围，这考验的是企业面对市场时的大度。

最后，在体系建设上，企业内部要形成责任文化，每个部门专项经营，对自己的核算单位负责，日常薪资体系明确，年终激励体系清晰，保持机制的稳定性，养成共识体系的信任度，这考验的是企业面对利益时的成全。

在今天完全开放的国际市场经济背景下，贯彻"玻璃般透明的经营"原则是必要的。在传统的农业文明下，农民是地主的附属，生活在社会的最底层，虽然是劳动资料的主要创造者，但没有话语权，只能勉强维持生活；在早期的商业文明下，工人阶级被资本家剥削压迫，经受着超长的工时和恶劣的环境，只能机械地每天做着重复的工作，拿着微薄的工资，对企业的经营毫无了解；在今天的后商业文明下，随着全世界对人权自由的呼声越来越高，企业与个体之间是唇亡齿寒，一荣俱荣，一损俱损的关系，企业主一味的控制型经营思维已不合时宜，取而代之的则是开放、透明和共建的经营理念。因此，贯彻"玻璃般透明的经营"原则，是商业经济进化的结果，是时代的发展需求。

所以，贯彻"玻璃般透明的经营"原则是时代的产物，它代表的是一种更加自由、开放和共创的经营理念。在这样的经营理念下,企业内部更能形成信任文化、效率文化和责任文化,这也使得企业在今天的市场竞争环境下,更具竞争力。

12 树立高目标

《论语》云:"取乎其上,得乎其中;取乎其中,得乎其下;取乎其下,则无所得矣。"这表明目标的高低决定着成果的大小。站在山顶是"一览众山小",而站在山脚则可能"只见树木、不见森林"。因此,当我们设定的目标越高远时,我们所能取得的成就越显著;相反,如果目标局限于低处,我们的视野和成果也会受到限制,无法看到更广阔的前景。所以,树立高目标才能激发更高的希望、匹配更多的资源、调动更大的潜能,从而获得更好的结果。

追溯历史的长河,我们会发现,那些名垂青史的伟人都是从小立志,有着远大目标的人。

例如牛顿,这位经典力学的奠基人,从小就对自然现象充满好奇,立志要成为揭示自然奥秘的人。这种探索精神伴随了他的一生,并最终使他在科学领域取得了重大成就。又如周恩来总理,中华人民共和国的主要领导人之一,他在少年时代就立下了"为中华之崛起而读书"的宏伟志向,这一志向成为他毕生奋斗的动力,为新中国的成立作出了卓越的贡献。

又如钱学森,被誉为"中国航天之父",在青少年时期就立志成才,报效祖国,这一志向支撑着他在美国学习工作多年后,毅然决定回到中国,为中国的"两弹一星"事业作出了巨大贡献。这些案例都充分诠释了"少年立志望远行,时光不负有心人"的道理,也让我们明白,凡是有所成就的人,背后必定有着高远的目标在做支撑。

那么,为什么树立高目标的人更易成功呢?

首先,高目标意味着高资源的匹配。当一个人树立了高目标后,其预设的生态位也会同步提升,资源的调度和创造也会符合更高的标准,实现目标的势能自然会同步提升。

其次,高目标激发更高的希望。"因为相信而获得机会,因为被相信而获得结果",高目标让团队感到更有希望,代表着更强的领导力和影响力,能够形成更强的组织凝聚力,自然离成功也就越近。

最后,高目标调动更大的潜能。高目标更能激发团队的斗志,发挥每一个成员的主动性和创造性,提升组织效能,也就更接近成功。因此,树立高目标的人,资源更优质,希望更强烈,潜能更能充分发挥,也就更易获得成功,拥有不凡的人生。

那如何树立高目标呢?首先,要对自己的能力和潜能进行真实的评估。其次,根据个人的兴趣和价值观设定具体的目标。再次,要确保目标符合SMART原则,即具体、可衡量、可实现、相关性强、要有时间限制。最后,要制订详细的行动计划,将大目标分解为一系列可操作的小目标。

可在现实中，我们经常会发现，很多人能够树立高目标，但很难有韧性去实现目标。要实现高目标，首先，心、脑、行要形成闭环。要有强大的心力，方向笃定，誓死不渝。要有敏捷的方法，认知高维，洞察力强。要有坚定的执行力，全力以赴，使命必达。其次，要对高目标进行分解，逐个突破。当每攻克一个短期目标后，要给自己一个正向激励，观照内心，再聚焦下一个目标，循序推进。最后，要敢于向公众承诺。因为承诺是一份责任，也是一份使命，只有敢于将自己逼入绝境，潜能才能得到最大限度地发挥，目标也才更易实现。

所以，成功属于那些敢于树立高目标的人。当他们树立了高目标后，其实就已经在信念系统上战胜了大多数人。这意味着他们占据了更高的生态位，激发了更多人的希望，发挥了更多人的潜能，当然也就离成功更近了！

13 设定的目标不同，攀登的山峰也会不同

攀登不同的高山，设定不同的目标，就需要不同的思维方式。目标的高低由人的格局和境界所决定，有些人怀有"鸿鹄之志"，而有些人则满足于做"寒蝉燕雀"。寒蝉燕雀又怎么可能懂得鸿鹄的思维方式呢？因此，目标不同，匹配的资源不同，解决问题的维度也就不同，结果自然就天壤之别。

企业的经营哲学源自创始人的思维方式。其志向、格局和境界凝聚成的企业文化，会吸引一群志同道合的"鸿鹄"共同参与，他们众志成城，为共同目标而全力以赴。

那如何才能高效地实现企业的高目标呢？

以我所在的企业（上海胜者教育）为例，如图10-1所示，为胜者新战略定位后，用户第一，共创共赢的核心理念分析。

第十章 经营之道，如烹小鲜

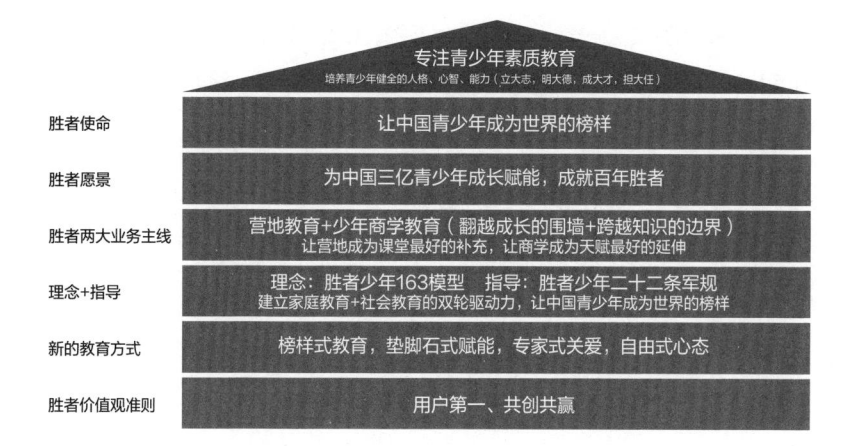

	专注青少年素质教育 培养青少年健全的人格、心智、能力（立大志，明大德，成大才，担大任）
胜者使命	让中国青少年成为世界的榜样
胜者愿景	为中国三亿青少年成长赋能，成就百年胜者
胜者两大业务主线	营地教育+少年商学教育（翻越成长的围墙+跨越知识的边界） 让营地成为课堂最好的补充，让商学成为天赋最好的延伸
理念+指导	理念：胜者少年163模型　指导：胜者少年二十二条军规 建立家庭教育+社会教育的双轮驱动力，让中国青少年成为世界的榜样
新的教育方式	榜样式教育，垫脚石式赋能，专家式关爱，自由式心态
胜者价值观准则	用户第一、共创共赢

图10-1　胜者用户第一，共创共赢的核心理念分析

首先，要全方位渗透企业的使命、愿景和价值观。要择高而立，要对标"世界级"，要从源头上提升团队的格局和境界。

其次，根据高目标来匹配资源。理念、团队、产品、模式都应达到世界级标准。要通过创新不断地解决制约发展的资源问题。

最后，要深刻践行经营哲学。万丈高楼平地起，要想把创始人构建的蓝图实现并让社会感知到，且长期居于行业领先，这是一场不易的征程。因为这要与市场红利竞争，要与同行竞争，还要通过创新不断满足客户的新需求，这就要求我们必须打造坚实的经营哲学，让它像"信仰"一样影响环境，在企业的进化中包容发展的问题。

我们要知道，企业经营中问题层出不穷。遇到问题时，不仅要靠"沟通"解决某一个问题，更要形成思维共识体系，在无形中去化解问题。解决单一问题，治标不治本，因为个人利益和期望很难完全被满足。只有统一的"经营哲学"才能作为大家对事物的统一判断标准，才能消除内耗，引导大家将关注点和精力都聚焦在共同的目标上，最终才能实现高目标。

本章小结：

企业经营的核心可归纳为四个关键点：重视团队、合理追求利润、遵循市场规律、以客户为中心。这四者相辅相成——团队凝聚力量，利润提供动力，规律指明方向，客户定义价值。唯有平衡好这些要素，企业才能实现长期稳健的发展。

第十一章

日常经营，精益求精

01 定价即经营

所谓"定价定天下"。定价不仅决定着企业的产品定位、市场定位和团队定位,也决定着企业的经营定位。它代表着企业的竞争赛道、目标群体以及商业模式。因此,定价即经营,它是企业经营的决策内核,是每一个企业决策层都要深刻理解的底层逻辑。

定价决定产品定位。客户的背景、需求和购买力各不相同。客户往往基于功能价值和情绪价值来选择产品。功能价值关乎产品的物理属性,满足客户的基本需求;情绪价值则关乎精神属性,满足客户在社会关系中的尊重需求。从功能价值到情绪价值的延伸,结合客户的购买力,会产生不同价位的产品设计,如低端、中端或高端。如果定位低端,产品设计应聚焦于基础功能;如果定位中端,产品应满足基础功能和部分情绪需求;如果定位高端,产品应追求完美,满足客户的双重需求,并赋予尊贵感。因此,价格定位不同,产品设计和资源配置也不同。

定价也决定市场定位。不同的定价吸引不同的客户群体,进而影响商业模式。采用成本领先策略的企业,通过价格优势占领大众市场;而采用价值创造策略的企业,则通过稀缺性占领高端市场。

前者通过大规模销售实现成本优势,后者则通过高品质产品获得定价优势。前者的市场推广策略通常是多渠道、广覆盖,后者则是精准定位、高端营销。因此,价格定位不同,营销策略也不同。

定价还决定团队定位。企业的经营标准决定了吸引的人才水平。省级标准吸引省级人才,国家级标准吸引国家级人才,世界级标准则吸引世界级人才。事实上,无论是靠成本领先还是价值创造取胜的企业,背后都是高端人才的推动。可见,高级别的企业更容易吸引优秀人才,从而提升人力资源的智识水平。因此,价格定位不同,团队的人才结构和经营模式也不同。

总之,定价即经营,意味着企业要通过不断重塑产品定位、市场定位和团队定位,来获得利润。企业经营的原则是销售额最大化、成本最小化和利润最大化。然而,要追求长期发展,企业还必须以客户价值为导向,要诚信经营,成就团队,奉献社会。因此,企业家需要在销售额、成本、利润、客户、团队、社会等多维度中找到平衡点,要通过技术革新、团队努力、供应链优化等策略,找到定价与市场的最佳结合,从而提升企业的竞争力。

02 销售最大化、费用最小化（量入为出）

现金流是企业的血液，利润是企业的命脉。如果企业经营不以"利润为导向"，那就是空中楼阁。这样的企业既不能激发团队的斗志，也不能给客户提供持续的价值。因此，追求销售最大化、费用最小化，确保利润率，坚守长期发展观，是企业经营的首要原则！

企业经营的最佳战略是"活着"，企业经营的最佳战术是"成长"。"活着"的前提是以"利润"为导向，"成长"的目的是突破"利润"瓶颈。事实上，经营企业就是在做10-8=2的算术题，所有人众志成城，努力拼搏的目的就是要通过创新提高"被减数"，降低"减数"，提高"差"。

那么，为什么保持企业的利润率如此之难呢？这里我们要知道，商业的本质就是为了不断提升人们的物质需求和精神需求。技术创新推动需求革命，需求革命推动产品创新，产品创新颠覆商业模式。任何新事物的产生，都会拥有一段红利期，在这个阶段，供小于求，企业既拥有定价权，也拥有资源优先的成本优势，利润率也就很高。

但随着竞争者的涌入，供求关系开始波动，竞争逐渐激烈，定价权会被动摇，资源开始紧缺，成本也会上升，利润率也就很难再稳定。因此，在现实中，我们所看到的那些昙花一现的企业，其实就是因为没有将红利期的优势转化为竞争期的势能，从而导致最终失去了定价权，成本上升，销量下降，最后被市场淘汰！

那么，企业要保持竞争优势，应该怎么做呢？

首先，要有危机意识。企业发展要摒弃一劳永逸的思想，要相信任何事物都是有生命周期的，产品和模式都是有其发展节奏的。企业管理者要站在事物发展延长线的未来审视当下，来做决策，且提前布局，竭力将未来的不确定性转变为确定性。正如华为的创始人任正非所说，"华为总是在冬天"，就是因为华为一直强调"要以奋斗者为本，要长期艰苦奋斗"，这才让华为一路披荆斩棘，穿越了无数的经济周期。

其次，要保住行业定价权。无论是采用成本领先战略的定价策略，还是采用价值创造战略的定价策略，背后都离不开创新力量的推动。如果是成本领先战略，则需要通过技术创新和模式创新提升生产效率和交易效率，从而获得成本领先优势，发挥规模效应，具备"物美价廉"的定价权。如果是价值创造战略，则也需要通过技术创新和模式创新获得优质资源，从而获得价值创造优势，占领高端市场，具备"物以稀为贵"的定价权。

最后，要经营成本最小化。"赚钱如同针挑土，花钱如同浪淘沙。"企业在经营管理中，要提升团队效率、优化采购渠道、降低库存周期、减少硬件成本；要重视管理过程中的经营数据的分析和管控；要坚守"如无必要，勿增实体"的奥卡姆剃刀定律；要控制成本，确保费用最低，提升利润率！

所以，企业要健康持续发展，关键是要确保利润率，而确保利润率的前提是贯彻全员要有危机意识，号召全员要勇于创新，不断拼搏，要努力让企业拥有行业"定价权"，实现销售额最大化，同时要培养全员费用最小化的意识！

03 增强核算意识

经营企业的大忌是外表看起来繁花似锦,但内核已经是千疮百孔。千疮百孔的企业往往都有一个共同点,那就是濒临财务危机。企业的财务管控能力往往决定着企业的生死存亡。不同的企业处于不同的发展阶段,财务管控的策略也有所不同。因此,如何根据业务的发展节奏,管控好企业的资金,增强全员的经营核算意识,这是企业经营的关键。

企业经营稳健发展才是核心。要懂得不故步自封,也不盲目扩张;要谨记资源有限,不可面面俱到;要铭记"每一个动作都是成本",要学会取舍。发展是企业的战略目标,但"贪"和"急"往往是企业发展的大忌。一味地"贪"和"急",必将付出惨重的代价,轻者伤筋动骨,重者深陷绝境。

像这样一落千丈的企业比比皆是,如雷曼兄弟,在2008年全球金融危机期间,由于在次级房贷市场上的过度投资,导致巨额亏损和流动性枯竭,最终在2008年9月申请破产保护;亿阳集团,由于过度扩张和项目投资,导致回报率偏低,逐渐陷入债务泥潭,直至2019年3月,申请破产;恒大集团,由于盲目投资,近年来一直饱受债务问题的困扰，2024年8月，恒大集团的母公司被申请破产清算。

从这些往日声名远扬的企业走向破产的案例，我们不难看出，企业的经营就是如履薄冰，财务系统是何等的脆弱，今天或许还财大气粗，明天可能就会负债累累。因此，经营企业务必戒骄戒躁，要增强核算意识，要杜绝好大喜功，不可盲目扩张，要根据企业的资源属性，明确方向，把控节奏，步步为营。

那应该如何增强核算意识，做好财务管控呢？

首先，明确企业的核算大类，如人力成本、销售成本、采购成本、生产成本、管理成本等。针对不稳定的销售额阶段，即使牺牲利润率，也要选择可替代方案，尽可能将固定成本转化为浮动成本。针对销售额快速增长阶段，要在稳定利润率的同时，加大软性资源的投入，且加强品牌建设。

其次，全面落地部门预算，培养全员财务数据管控意识。确立每个部门的人效数据、利润数据和收入数据。分析部门的固定成本和浮动成本。要在确保部门利润率的前提下，严控成本，避免用感性来做财务决策。

最后，不可加太大的金融杠杆。企业经营一旦涉及金融杠杆，几乎就会被金融市场控制，市场上所反映的企业价值只不过是数字而已，实体经营很多时候还抵不过一个新闻噱头。因此，针对使用金融杠杆的企业，财务管控切记要建设安全壁垒，不可急功近利，釜底抽薪。

所以，增强核算意识是企业财务管控必备的技能。它是经营的安全保障，它强调在企业经营过程中，要有长远布局能力，要有数据管控思维，要有经营决策力。

04 每天都进行核算

"每天都进行核算"是一种经营量化的管理思维和态度,是工商业文明繁荣的产物,也是一种新兴的经营管理理念。近现代工商业文明下的经营管理,最大的特点就是流程标准化、管理精细化、复制批量化。我们要知道,在纷繁复杂的商业环境中,我们今天所看到的各行各业的蓬勃发展,其实背后都少不了科学经营管理的推动。可见,当经营企业被提炼成一门学科,有方法论和行动纲领作支撑后,如"每天都进行核算",企业的经营也将更稳健持久。

企业因为使命、愿景和价值观,让团队心生力量,备感有意义。可是一个企业蓝图再宏大,如果没有落地的分解细化,那就是梦幻泡影。真正伟大的企业,不仅能够高屋建瓴布局企业战略,关键是还要有能够细致入微的战术落地。

"理想很丰满,现实很骨感",企业不仅要仰望星空,还得脚踏实地,且从时间分配来看,仰望星空是一时,但脚踏实地是永恒。因此,企业经营过程中,每天审视,以目标为导向,每天都进行核算,紧随战略灯塔,每天纠偏,是经营企业必备的思维和态度!

"每天都进行核算"是一种精细化管理的方法。它能够提升全员职业素养，使流程更规范，标准更严谨，复制更便捷，效益更高效；它能够提升企业系统化运作机能，数据仪表盘式管控，不依赖英雄主义，风险把控力强，更健康持久；它能够提升战略目标完成的效率，培养全员的目标紧迫感，公平竞争，透明经营，紧逼目标，让企业更有行业竞争力！

那企业如何贯彻"每天都进行核算"呢？

首先，要根据战略目标从财务和业务维度进行设计。搭建组织架构，分解远中短期关键性事件，匹配各部门责权利，以目标为导向，抓取顶层关键性的财务和业务数据指标，并对一级架构负责人进行年月度指标考核。

其次，将顶层关键性的财务和业务数据指标按照单位人、月周日维度进行分解，并纳入日常考核。通过早会、晚会、周会、月会和季度会议不断培养全员业务和财务的数据思维，紧盯目标数据，复盘且改进。

最后，总部每天要进行核算，每日监控，且向全员反馈。如总部可以通过系统对业务和财务关键性指标进行分析和公示，每日勉励和鞭策，培养全员自省和清廉意识。

相信态度决定思维，思维决定意识，意识决定行为，行为决定结果。"每天都进行核算"就代表着企业全员的思维和态度。相信将这一经营理念融入日常管理，由全员秉承，企业的战略目标也将更易达成！

05 贯彻健全资产原则

"贯彻健全资产原则"体现的是企业高效资源配置的能力。它强调企业经营应避免盲目的硬件扩张、软件堆砌和库存积压；它强调企业经营应避免资产冗余，要重视资产运作效率，必要时要果断处理不良资产；它还强调企业经营要重视财务健康和经营效率，要通过精细化管理发挥资产的最大价值。

因此，"贯彻健全资产原则"是一种企业管理理念，虽然不同时代的不同企业对其诠释有所不同，但其核心目标都是通过高效资源配置实现企业的长期稳定发展。

企业的基因、生态位和时代背景的不同，决定了资源配置战略的差异。企业经营涵盖产品设计、产品生产、推广渠道和经营管理等多个维度。产品设计体现创新思维，产品生产体现硬件交付能力，推广渠道体现供应链生态，经营管理体现组织效率。每个环节都涉及相应的资源成本。

在物质匮乏、技术更新缓慢的时代，硬件投入的回报相对确定，库存压力较小，企业经营倾向于覆盖全产业链；而在物质丰富、技术更新迅速的时代，硬件投入回收难度增加，库存容易积压，企业经营则倾向于产业链的优势板块。

如今，许多企业根据自身的基因优势和生态位优势，将创新思维、硬件交付、供应链生态和组织效率进行分离，且不断对商业运作的各个维度进行重组创新，已经创造了许多影响世界的伟大企业。例如，IBM、微软、苹果、特斯拉等国际化公司，它们并未掌控产品生态链的所有环节，但依然成为行业的巨头。

它们的成功在于，为了提升行业运作效率，它们跨越国界，根据全球各地的人才优势、地缘优势、供应链优势和市场优势，重新配置资源。这充分体现了它们贯彻健全资产原则的国际视野。

在竞争日益激烈的今天，行业越来越细分，信息越来越透明，利润越来越微薄。"挣钱如针挑土，花钱如水流沙。""贯彻健全资产原则"意味着要学会资源共享，要发挥资源价值最大化，要杜绝冗余经营。那么，如何贯彻健全资产原则呢？

首先，要遵循"如无必要，勿增实体"的奥卡姆剃刀定律。企业在做经营决策时，不应为了追求短期利润而盲目扩大硬件投入，必须将成本、风险和时间等因素综合考虑，要根据企业的发展节奏逐步匹配资源，避免透支经营。

其次，要实行"零库存"的经营策略。企业采购管理者在与供应商谈判时，不应为了价格优势而大量囤货，必须考虑库存的损耗、过时、管理和税金等成本。

最后，要盘点资产，最大化其效能。企业资产包括软性资源和硬性资产，要发挥资产的潜力和效率。对于软性资产，要提升其影响力，为企业品牌增值；对于硬性资产，要提高其使用频率和管理效率。

总之，"贯彻健全资产原则"的关键在于要评估不同企业的环境，要根据其基因优势和生态位优势，对所在行业资源进行优化重组，寻找到突破的商业模式，而且要对企业的不良资产进行优化，要通过精细化管理，发挥企业资源的最大价值，提升企业的经营效率。

06 以节俭为本

诸葛亮在《诫子书》中讲道:"夫君子之行,静以修身,俭以养德,非淡泊无以明志,非宁静无以致远。"他强调人只有勤俭节约,拥有淡泊、宁静之心,方能明志、致远。世间万物纷繁复杂,诱惑重重,人生道路跌宕起伏,风险难测。那我们应该如何应对这多变的人生呢?所谓"亏则盈,满则溢,溢则倾,倾则覆",这告诉我们人生要懂得以俭养德,不被繁华裹挟,要懂得"舍满取半",留有余地;也要懂得不以物喜,不以己悲!

翻开历史的长卷,最能启迪心灵的,就是那些伟大的思想家,他们将自己的德行形成"劝世良言"载入史册,让我们后人能够有幸瞻仰。通过研究,我们会发现,凡是名垂青史的思想家们都有共同的特点,他们拥有纯粹、求真的心灵,拥有节俭、务实的操守。

比如诸葛亮,三国时期蜀汉的丞相,他在生活中非常注重自我修养和节俭,即使位高权重,依然保持俭朴的生活方式,他的《诫子书》流传至今,成为家教的典范;司马光,北宋政治家、史学家,他的《资治通鉴》是我国第一部编年体通史,而他的《训俭示康》则体现了他对节俭的重视,认为节俭是培养良好品德的基础;王阳明，明代著名思想家、哲学家，提倡"知行合一"，在生活上也践行节俭，他认为通过实践来修身养性，而节俭正是实践的一部分。

我们可以看出，这些思想家即使面对权贵也依旧保持纯粹之心，坚守以节俭为本，他们通过自己的行为和教导，影响了无数人，他们的勤俭节约精神和创造的思想文明也成了中华民族的宝贵财富，一直启迪着后人。

那"以节俭为本"如何影响着我们的决策体系呢？我们要知道，"以节俭为本"代表的是一种对物质的态度，其实背后折射的就是世界观、人生观和价值观，这是人生的决策底色。人生追求的动力是物质和精神，两者的权重不同，所以演绎的人生也就不同。

以物质价值为重的人，往往会用金钱的多少来衡量价值，他们追求的是穷奢极欲、繁华虚荣的生活，他们享受别人崇拜跟随的尊荣，他们为了达成更高品质的物质生活，甚至可以不择手段；而以精神价值为重的人，他们往往会用自我实现的影响力来衡量价值，他们更多关注的是自己能够为他人或环境带来多少积极的影响，他们更多关注的是自己内心的成长和精神的富足，他们为了环境的和谐发展，甚至可以付出自己的全部家当。

可见，不管是以物质价值为重，还是以精神价值为重，这代表的就是两种决策体系。前者代表的是享乐的人生，物质价值可以衡量；后者代表的是奉献的人生，精神价值难以估量。因此，"以节俭为本"，追求精神富足的人，他们不会被世俗羁绊，视野更宽广，格局更高，境界更深，他们看似质朴，实质才是真正的奢华，他们的内心可以丈量整个世界，物质对他们来讲，只是附庸而已；而一生都在追逐财富的人，实质却是生活的矮子，他们在权贵面前趋炎附势，苟且地生活，看似腰缠万贯，实质贫瘠不堪，稍不留神，就倾家荡产。

其实，财富在世界经济体系下，就是一个数字而已。作为普罗大众来讲，并没有定价权，也不可能有定价权。事实上，所有事物存在都是遵循价值兑现原则，所有的商业逻辑，最终都会回归本真。

就如通货膨胀，可以让金山银山变成一堆废纸，也足以让千亿富豪立刻负债累累。而漫漫人生路，道阻且长，面对事物更新如此迅速的今天，人要成功穿越多少个经济周期，才得以安生？一味地追求财富，那可能就是竹篮打水一场空。也许外界不能主宰，但自己的心却可以由自己做主。

因此，人生真正应该追求的应该是以节俭为本，不被财富裹挟，保留心中净土，坚持价值创造，追求精神富足，让自己变得足够的强大。一定要铭记：财富是吸引而来，而不是追逐而来！

所以，享乐奢靡是一种选择，勤俭节约是另一种选择。磕磕绊绊，穷途潦倒也是一生；闲云野鹤，云淡风轻也是一生。追逐财富就是一场游戏，精神富足才得永生。因此，我们一生当以节俭为本，保有赤子之心，保持人间清醒，竭力创造价值，不求回报，只需相信"你若盛开，蝴蝶自来"！

07 按所需数量购买所需物品

寻找资源匹配经营需求是企业经营的重要活动之一。在企业内部承载这一重要活动的是公司的采购部门。要提升采购效率，关键是要考虑以下几个维度：使用时间、使用空间、库存周转、损耗成本、可替代品和供应商比价。大多数公司最大的成本就是采购所涉及的费用成本。因此，如何提升采购效率，降低不良资产的积压，是提升企业利润率的关键性动作！

不同时代的不同企业，采购策略各不相同。

在农业文明时期，生产资料主要围绕土地展开，因为土地的收成主要受地理环境、气候以及自然灾害的影响，因此很多商人会利用区域差、季节差以及信息差，通过囤积商品，倒买倒卖，会获得高额收益。

在工业革命初期，机器大生产，世界贸易港口相继打开，因为工商业文明快速发展，供求井喷，受各国供应链的影响，可替代渠道产生，甚至可替代物也崭露头角，此时，由于信息互通效率不高，很多商人依然可以利用区域差、季节差、信息差以及国家保护，通过批量采购，进行跨区域贸易，会获得高额收益。

而当到了电子信息时代，以及今天的智能化时代，全球供应链信息已经非常透明、商品种类也非常丰富、可替代物更是层出不穷，除了高精尖的技术产品，大多数产品的供求关系已经完全打破了区域差、季节差、信息差、国家保护以及多级经销商的制约，此时商家如果还继续采用过往批量囤积、倒买倒卖的方式，显然已经不合时宜。

今天我们能看到，很多企业的采购策略已经更多偏向的是"去库存"和"反向订制"。我们会发现，此时商家要想获得持续的利益，对技术带来的价值创造就有了更高的要求！

那么，在今天的新时代，应该如何贯彻采购政策呢？

首先，需要信息公开。企业要利用技术消除区域差、季节差、信息差、国家保护以及多级经销商的制约，要聚焦供应商，对公司的采购项目，分大类，以量取胜，每年公开招标，公示杀价。

其次，要按需采购。采购时必须考虑到产品的过时、损耗、管理及税金等维度，不可为了量大价优而囤货，一定要避免因为库存而增大公司不良资产和降低利润率的风险。

最后，要严抓企业相关管理者拿回扣行为。人力资源部要与参与选择采购方的人员签署《清廉保证书》，公开举报渠道，凡是贪污者，直接开除且列入公司黑名单！

总之，采购是公司控制费用非常重要的环节。在今天商品种类繁多、技术更新快、商品迭代快的时代，"未来的需求"易被竞争对手替代。因此，企业在采购时，务必确保信息公开、按需采购且杜绝内部人员拿回扣行为，一定要把控好公司的"钱袋子"，防止库存积压和不良资产的产生！

08 设计完美无瑕的产品

追求更好的物质和精神体验，是人类文明进步的推动力。很多企业不断逼近设计完美无瑕的产品，正是为了满足这一需求。产品的更新迭代往往受制于技术的革新，因为只有技术的革新，才能带来产品种类的丰富和生产效率的提升，也才能让更多的人以更少的代价获得更好的体验！

产品分为有形和无形，包括：看得见摸得着的实物产品，如生活用品、出行工具、房屋建筑等；只能感知意会的虚拟产品，如情绪体验、思想意识、信息技术等。根据马斯洛的五大需求层次，围绕产品可以提供的功能属性和情绪属性，每个需求层次都可以衍生出对应的产品系统。随着人类文明的进步，需求层次不断地得到满足，客户对产品的体验也提出了更高的要求，这也将不断地给设计产品带来更大的挑战。因此，在物质丰富的今天，选择项增多，唯有精雕细琢，企业只有不断追求设计完美无瑕的产品，才能满足客户需求，获得竞争力！

产品能级代表的是一种竞争态势。高能级的产品自带竞争优势，拥有定价权和品牌力，更易满足客户需求，更易吸引优质资源，更能保持利润率，也更能获得市场口碑，发展也更持久健康；而低能级的产品缺乏竞争优势，常常因打价格战而被迫降低品质，既没有成本优势，也没有价值优势，发展就像无源之水，极易被市场淘汰。

那么，怎么来认识产品呢？在商业文明高度发展的今天，产品因商品交易的契约精神而产生，也因价值创造的社会关系而产生，可以说万物皆是产品，都因"价值创造更优原则"而存在。例如，技术革新带来的资源重组是产品，信息互通带来的思想共识是产品，人或组织相关的合作关系也是产品等。因此，当人或组织开展各类活动时，具备产品思维，围绕"定价权""品牌力""技术"等元素，构建核心竞争力，是现代人或组织获得资源竞争优势的关键！

那如何才能设计完美无瑕的产品呢？

首先，要从产品的功能属性升级到情绪属性。根据大多数产品的成长轨迹，在最初推向市场时，主要是通过满足客户的功能价值来占领市场，但随着竞争的加剧，定价权必会受到波动，因此提前对产品进行升级，不断满足客户的体验感和个性化需求，这是产品设计必须迈过的关卡。例如，霸王茶姬奶茶在营销上做的很多事，都和情绪价值相关，通过强调健康，让用户享受多巴胺带来的愉悦，让客户没有负罪感。

其次，要通过科技和艺术的融合来提升客户的意外体验感。要不断挖掘和创造客户需求来颠覆产品，设计出科技感与艺术感共存的产品，如乔布斯通过苹果公司推出的一系列革命性产品，这些产品不仅在技术上领先，而且在设计上也极具艺术感，极大地提升了用户的体验感。

最后，要确定产品的竞争战略，是选择成本领先还是价值创造。每一个需求层次都有对应的客户群体，设计产品要先根据企业的市场资源优势，选择对应的客户群体，根据客户画像来设计产品，设计产品时要对功能价值和情绪价值进行取舍重组。例如，市场上的大宗产品通常选择成本领先的规模化销量战略，而针对高端奢侈品则选择价值创造的精准营销战略。

所以，设计完美无瑕的产品是一种竞争战略。高能级的产品代表着高竞争势能，低能级的产品代表着低竞争势能，背后都是对功能价值和情绪价值的表达。万物皆是产品，都因价值更优而存在，因此，不管是针对哪一个需求层次，通过技术的革新和资源的重组，不断逼近去设计完美无瑕的产品，不断满足客户的需求体验，才是产品存续的核心！

本章小结：

企业经营的本质不再仅仅是数字的游戏，而是一场关乎价值观、战略和执行力的深度修行。定价、成本、核算、资产、节俭、采购、产品设计……这些看似独立的主题，实则环环相扣，共同构成了企业经营的核心逻辑。

定价即经营，它不仅是数字的设定，更是企业战略的体现。

销售最大化、费用最小化，这是企业生存的基本法则。

增强核算意识，财务健康是企业稳健发展的基石。

每天都进行核算，这不仅是一种管理方法，更是一种态度。

贯彻健全资产原则，资源的高效配置是企业竞争力的体现。

以节俭为本，这不仅是一种经营智慧，更是一种人生哲学，按需采购，这是对企业资源的尊重。

设计完美无瑕的产品，这是对客户需求的极致回应。

经营企业，是一场没有终点的修行。它需要我们既有宏大的战略视野，又有脚踏实地的执行力；既要有对利润的追求，又要有对客户、团队和社会的责任感。

第十二章

知者行之始，行者知之成

01 能力要用将来进行时

人在岸上永远学不会游泳。人的能力不是由当下决定的,而是由奋斗的延长线所决定。因此,人要相信,奋斗在当下,成果在未来,人的能力要用将来进行时,不必对当下自惭形秽!

马云说:"梦想还是要有的,万一实现了呢?"今天我们看到他能够意气风发地站在各类平台上侃侃而谈,对人生、对事业和社会都有着睿智的观点,很多人都被他的能力和风采折服,他的各类视频也被疯狂点赞和转发。但了解马云创业史的人都知道,创业初期的他,并非行业的佼佼者。当初他在杭州西湖畔花园住宅楼里,面对十八罗汉,宣称"要做一个中国人创办的世界上最伟大的互联网公司",相信那时的他,除了慷慨激昂和满怀梦想,并无其他核心竞争力。在多次的采访中,他也表示,和无数的创业者一样,他也面对过无数次的拜访受阻、现金流枯竭和挫败失落。

回到人的初始状态,人的能力几乎是一张白纸。因为梦想,因为热情,因为执着,有志之人靠着"黄沙百战穿金甲,不破楼兰终不还"的决心,一路过五关斩六将,才练就了一身的能力。因此,人的能力要用将来进行时来衡量,追逐梦想的过程才是增长能力的过程，也就是说，当摘得桂冠、拔得头筹的那一刻，才是人登峰造极的时刻！

大家还记得自己的心路成长历程吗？曾经的我们，视野有限，对未来既充满期待，又心生彷徨；希望去拥抱世界，又害怕被世界反噬；时而奋勇向前，时而又望而却步。

英国哲学家约翰·洛克在《人类理解论》中提出，人的心灵在出生时就像一张白纸或一块白板，所有的知识和经验都是通过后天的感受和经验获得。事实上，就是因为人对美好未来的执着，和不断地经历挫折，才练就了人强大的心力、敏捷的思维和笃定的行为。心理、思维和行为在无数的经历中被不断地淬炼、沉淀，才成为人的经验，升华成了人的能力。

人的心路成长历程就是在出生时的那张白纸或白板上不断镌刻心理、思维和行为的过程，随着时间的推移和经历的增长，人的心理会越来越强大，人的思维会越来越智慧，人的行为也会越来越果断，白纸或白板上的色彩也才会越来越丰富多彩！

所以，人的能力不是用当下的心智来衡量，而是要从当下的时间线延伸到未来，用将来进行时来衡量，要用梦想来匹配能力，要用梦想来激发潜能，也要用梦想来锤炼心智！

02 目标要众所周知，彻底贯彻

目标是战略、方向和力量的象征。有目标的人生如同航行，而没有目标的人生则如同流浪。有目标的人内心坚毅、思维活跃、行动执着；相反，没有目标的人内心迷惘、思维迟钝、行动迟缓。在生活中，我们观察到那些取得成就的人都有一个共同点：他们拥有宏伟的志向和满腔的激情；他们拥有坚定的信念，懂得鼓舞人心；他们勇于将目标公之于众，大胆承诺，并彻底执行。

敢于公开自己的目标，这不仅需要勇气，还需要责任感。作为企业领导者，奋斗的意义不仅在于关心团队的冷暖，更在于带领团队实现组织目标。因为每次目标的实现对组织的发展都至关重要，它预示着团队努力的价值得以实现，公司的战略得以执行，以及未来的战略得以升级。

具体来说，目标的实现能提升团队的物质和精神生活水平；能增强团队、客户和社会对公司的信心；能吸引优质资源，助力企业发展。因此，设定目标只是第一步，实现目标才是关键。这需要企业领导者的勇气和责任感，他们必须敢于与全员达成共识、公开承诺，并彻底执行。

不仅对企业而言，对个人来说公开目标也同样重要。每个人从小到大都制订过无数次的目标计划，有的得以实现，但更多的可能未能如愿。实际上，敢于设定高目标需要勇气，而敢于让目标众所周知则更需胆识。我们设定目标的根本目的就是解决生活中的各种问题，如升学、就业、婚姻、家庭等。从本质上讲，人生各阶段的目标都是在围绕这些问题而展开，只是不同的人对待这些问题的态度不尽相同而已：有的积极主动，有的消极被动；有的忙碌，有的悠闲；有的迷惘，有的清晰。我们必须认识到，人是社会性动物，那些在人生中取得巨大成就的人，对待问题的方式必然与众不同。他们往往充满激情和活力，具有影响力和领导力，敢于设定高目标，敢于公开自己的目标，且用自己的言行不断影响周围的人。

那么，如何让目标众所周知并激励自己实现目标呢？首先，要提炼目标。目标设定应遵循SMART原则，即Specific（具体）、Measurable（可衡量）、Achievable（可实现）、Relevant（相关）、Time-bound（有时限）。根据SMART原则，目标分为两类：一类是关键性数值目标，如业绩、利润、效率、次数和时间等；另一类是关键性事件目标，如创新标准、方案标准等。其次，要公开承诺。通过公司会议，从上到下公开承诺并执行目标；通过个人在网络平台上公开承诺并执行目标；通过签署"军令状"实施奖惩制度，公开承诺并执行目标。最后，要兑现目标。阶段性地公示目标完成情况，并公开兑现，接受公众监督。

因此，无论是企业还是个人，都应该敢于设定高目标，敢于将目标公之于众，并坚决执行，这是个人和组织进步所必需的勇气和责任。

03 贯彻现实主义

"贯彻现实主义"是"稻盛哲学"的核心思想之一。它并不是指冷酷无情或唯利是图,而是指在经营企业时要坚持实事求是、客观理性的态度,以及在面对挑战和决策时,要始终以事物的本质和真实情况为决策的出发点。

企业经营的核心是要权衡好自身发展、员工利益、社会责任以及客户价值的关系。我们要明白,自身发展是树根,员工利益是树干,社会责任是树叶,客户价值是果实,只有维系好树根的营养,才能枝繁叶茂。而"贯彻现实主义"正是解决这一平衡问题的关键。它强调如"釜底抽薪""一己之私"或"虚张声势"类的都是违背现实主义的表现;它提倡要回归事物存续的底层去分析问题,要找到事物"根系"的发展动力和意义;它警示我们凡是不依循事物长期发展观的言行都是饮鸩止渴,最终必定会自食其果。

"贯彻现实主义"的本质是要"敬天爱人"。"敬天"是指按照事物的本性做事,而"爱人"则是指要以利他之心对待他人。在具体经营中,企业决策表现为,要在坚守企业长期发展观的前提下,以客户、员工、社会和利益相关者为中心。因此,"贯彻现实主义"表达的是企业面对复杂关系时的一种决策模型，它体现了企业在追求利益的同时，务必也考虑到企业的社会责任和道德伦理。

那么，如何"贯彻现实主义"呢？首先，在思想上，领导人要有崇高的人格魅力和道德品质。领导人作为企业的大家长，言行举止一定要能够给团队做好榜样，要严以律己，宽以待人，要做好"背影管理"，要用自己的精神品质和道德情操感染团队，不断完成目标。其次，在全员意识形态上，从上至下，要全面贯彻"敬天爱人"的思想。要回归现实主义，"积善行，思利他"，平衡各方利益关系，形成全员思想共识。最后，在经营落地层面，要倡导"共创共赢"的价值观。在现代企业经营的顶层设计中，要坚守最小单元核算制，要贯彻内部"目标责任制"，要让每个单元自主经营、独立核算，达成多方受益。

所以，"贯彻现实主义"是一种结合了理性分析、道德判断和人文关怀的经营哲学，它不仅是追求经济效益，更强调要追求企业、员工和社会的共同发展和进步。

04 重视经验

经验是实现复利人生的关键。一个经验丰富的人一定有着丰富的经历，或经历过繁花似锦，或经历过世间冷暖，但不管是哪一种"经历"，都是极其宝贵的。人的心智和能力的提升就来自每一次不同寻常的"经历"。但只有经历是不够的，如果经历不转化成经验，那人生也不过在低水平上重复，只是徒增皱纹而已，人生毫无光彩。

因此，智慧的人要懂得感恩每一段经历，要充分地融入其中，要深入地体验和思考，并且竭力将经历转化成经验，不断迭代自己的决策模型，从而获得复利人生。

人与人之间最大的区别在于将经历转化成经验的能力。人生百态，跌宕起伏，人生因"问题"而展开，人的一生都在追逐"解决方法"。思维方式不同，解决方法各不相同，有的笨拙，有的精练。但不管是哪一种解决方法，相信每一位解决问题的人的初衷都是一样的，一定都是希望获得最优解。而要获得最优解，关键在于通过不断积累经验，提升决策思维。

我们要知道，人生本就是经历的总和，"经历"并不等于"经验"，人只有对经历进行总结，形成方法论，才是经验。因此，人要敢于去经历，要不断将经历转化成经验，提升决策模型，不断获得更优解。

复利思维主要来自经验的累积。拥有复利思维的人往往拥有非凡的人生，它遵循"因果规律"，也就是每一步都是层层累积，上一步的因，往往以乘法效应决定着下一步的果。我们要知道，重视经历和重视经验，往往演绎着两种不同的人生。如果只是重视经历，那就如浮萍，没有根，就会原地打转；而如果重视经验，那根系扎得很深，就会枝繁叶茂。东方和西方思维底层就非常深刻地诠释了"经历"和"经验"在两种不同文明之间的运用差异。

例如，在清朝之前，中国的瓷器就已享誉世界，代表的是奢华高贵，但很多优质的瓷器制造完全靠老师傅的眼力和手感，并没有被记载且形成方法论，未能批量生产且流传。而西方在引入中国瓷器后，不断学习，沉淀成经验，且不断改进。

在企业经营中，经验的沉淀同样重要。善于利用经验积累的公司，生产效率会大幅提升。在现代公司经营中，最重要的一个考量指标就是这家公司的知识沉淀水平。因为这直接反映了公司企业文化推广的层级和业务的可复制能力。例如，对各岗位SOP的梳理，通过话术、流程和工具让新人可以快速培训上手；例如，对优秀员工经验的沉淀，不断形成标准动作，推而广之，提升组织效率；例如，成立企业大学，沉淀各部门的业务知识、管理知识和品牌知识，模块化复制，批量输出，占领行业市场。

所以，只有经历是不够的，将经历转化成经验更为重要。对个人成长而言，可以提升决策力，让人拥有复利人生；对于企业而言，可以提升经营效率，让组织更具有竞争势能。我们一定要铭记：这是拉开竞争态势的关键性思维。

05 倾听产品的声音

各行各业的分工协作，错综复杂的交易活动，让商业得以产生，且充满活力。而"产品"正是"商业"的产物。人类的活动围绕生存和发展而展开，产品的更新迭代也围绕人类的物质需求和精神需求而进行。物质需求主要是指衣食住行，而精神需求主要是指安顿人心。从古至今，产品的定义并没有变，但产品的标准早已不可同日而语。同样，解决人类衣食住行的问题，现在的解法早已超越了过往好几个数量级，产品的品质和生产效率都已大幅提升。

我们要知道，每个时代都有每个时代的英雄，但能够成为时代浪潮之巅的人，必定有着非凡的勇气和智慧，他们不仅能够把握住时代的脉搏，而且还可以通过聆听产品的声音，不断进行技术创新，找到新的发展势能！

技术的创新让产品不断地迭代，让商业模式不断地颠覆。人和企业都是时代的产物，不同的时代，由于文明的推动，人的思维方式不同，企业的运作模式也不同。事实证明，所有跟不上时代变迁的人或企业，都必将被时代遗弃，倾听产品的声音就是在警示我们要与时俱进。

例如，在工业革命初期，那些传统的手工作坊，由于没有及时引入蒸汽动力，往往遭受了重大冲击，因为蒸汽动力的引入标志着从手工劳动向机械化生产的转变，这一转变极大地提高了生产效率和产量，同时降低了成本，而那些传统的生产模式必将难以抗衡；又如，在通信领域曾经称霸的诺基亚，随着3G和4G时代的到来，由于未能及时适应市场变革，其市场地位就逐渐被新兴智能手机品牌如苹果iOS系统和安卓系统手机取代，诺基亚在智能手机市场的衰落，部分原因是对消费者需求变化缺乏敏感性，未能及时从功能机向智能机转型，以及对行业变化反应迟缓，从而被淘汰；再如电商平台对传统门店经营的颠覆，就是因为打破了时空的限制，重构了信息流、资金流和物流系统的关系，从而让那些死守固有经营模式的老板感受到利润越来越薄，钱越来越难挣！

我们不难发现，所有技术的更新、产品的迭代、商业模式的颠覆，都围绕着能量和信息而展开。历史上的多次工业革命的转型就充分诠释了这一点。因此，聆听产品声音的关键就是要去洞察产品背后的能量系统和信息系统，从中找到新的机会！

例如，技术的更新让能量系统不断地更新，从过去的畜力能源到机械能，到电能，再到今天的核能；技术的更新也让信息系统不断地更新，从过去的文字到语言，到书籍，再到今天的互联网信息；同时技术的更新，也让衣食住行的呈现形式，从过去围绕土地资源展开的原生态物种，转变成了今天围绕工业生产和基因工程技

第十二章
知者行之始,行者知之成

术而展开的万千物种。

  我们可以发现,技术的创新能带来产品的迭代,同时也能带来新的商业模式。人类的文明一直在进步,在信息大爆炸的今天,技术、产品和商业模式的三角模型必然会一直螺旋式上升迭代。因此,作为当今的企业家,不管是身处技术端、产品端,还是商业模式端,都得保有敬畏之心,要不断地聆听产品的声音,才能有资格谈产品的定价权,才能有可能不被遗弃出局!

  所以,作为现代企业家一定要明白,围绕人类的物质生活和精神生活,受技术创新的引领,产品一定会不断地更新,商业模式也一定会不断地颠覆,各行各业也必将被重做一遍。因此,作为现代企业家,围绕能量和信息为核心的技术变革展开企业经营,跟上时代的步伐,摒弃一劳永逸的思想,深入思考,聆听产品可以更新的声音,这是生存之道!

06 贯彻一一对应的原则

财务管控系统是企业经营的定海神针。通过财务管控所计算出的公司利润，才能用于激励经营管理团队和回报股东。科学的利润核算方式必须贯彻财务一一对应的原则，即费用支出要与科目收入达到绝对的一一对应；要杜绝企业高管公私不分；要以最小单位核算利润；要通过一一对应原则向全员贯彻透明经营文化；要杜绝一切财务违规行为！

贯彻一一对应的原则，是指收入和支出的票据凭证要一一对应；是指费用支出与科目收入要一一对应；是指业绩和交付收入要一一对应；是指确认收入与客户协议的交付节奏要一一对应；是指退费科目与收入科目要一一对应；是指财务系统和CRM（客户关系管理）系统要一一对应；是指支出科目要与部门归属要一一对应；是指公共支出与各部门的分摊规则要一一对应。也就是说，通过一一对应的原则，企业内部做账要杜绝张冠李戴，要坚决杜绝假公济私的行为；财务做账要接受公司监管部门的抽查；且财务做账要向全员贯彻透明经营的原则，落地诚信文化！

在商业史上，就有一些知名企业因未能贯彻一一对应的财务原则而最终走向破产。例如，安然公司曾是世界上最大的能源公司之一，但在2001年因为会计和财务欺诈丑闻而宣告破产。安然通过创建复杂的"特殊目的实体"（SPEs）来隐藏债务和夸大收益，这些做法违反了财务报表中一一对应的原则，即所有的交易都应在财务报表中准确反映；世界通信公司曾是美国第二大长途电话公司，但在2002年因为会计欺诈丑闻而申请破产保护。该公司通过夸大资产和收入，以及减少费用来虚报财务状况，这些行为违反了财务报告的基本原则，包括一一对应原则；又如雷曼兄弟是全球性的金融服务公司，2008年因为次贷危机导致的财务问题而申请破产。雷曼兄弟的破产是全球金融危机中的一个重要事件，其复杂的金融衍生品和缺乏透明度的会计做法是其破产的重要原因。

这些案例足以表明，即使是大型企业，如果不能遵循基本的财务原则和透明度要求，也可能因为财务问题而崩溃，这些事件也强调了强有力的内部控制、审计和监管的重要性！

所以，在企业经营过程中要坚决贯彻一一对应的原则。因为财务做账的一一对应，才能避免企业虚假繁荣；才能及时掌握企业经营风险；才能提升企业经营决策力；也才能让全员和社会信任和放心！

07 贯彻双重确认的原则

"贯彻双重确认原则"是一种诚信文化,是维系组织清明和提升组织效率的重要组成部分。人心受外在环境和内在心智的影响,面对诱惑,往往容易趋利避害。因此,在组织内部引入制度体系作为行为标尺,建设企业文化作为道德定律,贯彻双重确认原则作为公共监督,就显得尤为重要!

康德说:"世间让我震撼的东西有两样:我头顶的星空和心中的道德定律",中国俗语也说"举头三尺有神明"。可见,企业要形成组织的诚信系统,关键是要建立组织的道德定律,告诫成员何为可做,何为不可做。

法国启蒙思想家卢梭在《社会契约论》里也讲道:"为了社会的和谐与秩序,个人必须放弃一部分自然状态下的自由,以换取社会契约所保障的更大利益。这种契约不是简单的交易,而是一种集体意志的体现,它旨在保护每个成员的基本权利和自由。"可见,任何组织要形成清明的文化和凝聚力,获得长期发展,形成一套道德定律和制度体系是多么重要!

道德定律和制度体系是贯彻双重确认原则的基础。它有助于组织成员达成共识，减少内耗，代表的是一种更先进的生产关系。

共识文化是人类独有的伟大发明。人类进入文明的标志是文字、城市化和冶炼技术，在这三个必要条件中，涉及共识体系的就有两个，分别是文字和城市化。文字是信息传输工具，而城市化则是在书写系统的赋能下形成部落共识体系后的成果。如果没有共识体系，组织就会一盘散沙；而只有形成组织，才能分工协作，提升效率，抵御外敌，获得生存空间。因此，在组织内围绕共识体系，贯彻双重确认的原则，多方监控，不仅能够统一思想，形成合力，还能够塑造人成为围绕组织目标的"好人"，促使组织环境更清明！

那么在具体的企业经营中，如何贯彻双重确认原则呢？"贯彻双重确认原则"是一种管理实践，旨在通过多人或多部门的相互核实和确认来提高业务流程的准确性和安全性。

例如，购入物品时，要有收货部门和验货部门这两个部门的确认；出货时，也需要仓库和使用部门对于出货凭证的双方确认；盖公章人和保管人也需要多重确认；支付货款时，需要支付凭证的复核和办理付款人的共同确认；编制产品的BOM清单（物料清单），需要直接负责BOM的主管和相关人员或领导逐一确认，以避免差错；如今很多付款采用网银支付，也需要有确认金额复核的人和负责支付操作者两个环节确认完成。这些案例都充分诠释了通过实施双重确认原则，可以警惕贪污受贿行为，能够提升效率，增强团队凝聚力，推动组织的整体发展！

所以，贯彻双重确认原则体现的是一种诚信文化，背后需要道德定律和制度体系作支撑，同时需要共识文化维系组织清明，杜绝不良行为！

08 要把事情简单化

为了获得生存优势和安顿人心，人类从古至今都在探索事物存在的本质，都在希望找到"统一论"去定义事物，都在希望能够"化繁为简"去应对环境的各种不确定性。但现实并非如此，世界上并没有永恒不变的事物，只有不断去适应事物变化的心态。就如同样满足人类衣食住行的需求，但不同时代，呈现形式却大不相同，与之匹配的社会结构、组织关系和生活习惯也大相径庭。因此，复杂和无序并不可怕，勇敢面对，梳理重构更重要，每一次在混沌关系中找到关键点，将事物简单化呈现的过程，正是人类文明进步的体现！

事物之美，在于平衡之美，混沌和有序的耦合转化，正是进化之美。混沌代表复杂，有序代表简单，成熟是复杂的代价，可见，混沌是美，有序是美，复杂是美，简单也是美，之间的转化正是进化之美。

因此，世间万物的演化历程就是从混沌到有序，再从有序到混沌的过程，不断地循环迭代，而推动这一过程的力量正是"简单化"这一钥匙！

从自然辩证法的角度来看，人与自然的关系经历了从原始时代的利用自然，到农业时代的改造自然，再到工业时代的企图统治自然，这一过程人与自然在混沌和有序之间不断转化，在发展与生态之间寻找平衡；从物理学和时间的角度来看，从时间的相对性和绝对性的讨论，以及时间与空间的关系，正揭示了自然界中事物发展的秩序和混沌的相互作用。

爱因斯坦的相对论打破了长久以来关于时间的"绝对性"观念，提出了时间的"相对性"，使得我们对时间的理解从绝对的秩序进入相对的混沌之中；我们再从更广泛的视角来看，自然界中的许多现象，如日出日落、月亏月盈等，展现了自然秩序的一面，但蝴蝶效应等混沌理论则揭示了即使微小的变化也有可能导致巨大的影响，这又让我们看到了混沌的一面。

我们会发现，世间万物的演化历程确实是一个从混沌到有序，再从有序到混沌的过程，这一过程不仅体现在人类与自然的关系中，也体现在我们对自然界本质的理解和探索中。面对这一演变历程，人类的最佳选择不是逃避，不是陷入旋涡而不能自拔，而是要主动接纳混沌，甚至制造混沌，要在混沌中不断寻找简单有序。因为，这一历练过程，正是人类思想的升华、人类科学的进步、人类文明的突围！

那如何在混沌之中将事情简单化，形成有效秩序呢？

首先，要主动接纳混沌。就如世界文明的轴心时代，"百家争鸣",派别纷呈,环境无序,而且在此之后的2000多年,东西方也不断经历战乱纷争,王朝更替,有时生灵涂炭,有时太平盛世,跌宕起伏,但这并不代表人类文明就不能突破,回溯近现代文明的突围,那正是轴心时代留下的文化瑰宝给后人的启示,才有了今天我们看到的世界和平和物质丰富,才形成了今天合作与竞争共存的世界格局。

其次,要主动制造混沌。根据热力学第二定律,长期封闭的环境,起初的秩序,一定会被内部和外部制造的信息打破,重现混沌。而事物的进化,正是由于新信息的增加,因为新信息会刺激旧结构,淘汰弱者,促使进化。既然如此,那生命的最佳状态就不是逃避混沌而是要主动制造和拥抱混沌。

最后,在混沌之中,要结构化思维,简单呈现,获得最优解。二流选手从结果上找解,一流选手从原因上找解,顶级选手从结构上找解。因此,面对复杂混沌的环境,问题很多,信息量很大,如何找到根部问题,这是智识水平的体现。而真正的高手一定是对复杂问题的结构化重组。也就是说,虽然冰山下汹涌澎湃,但冰山上的呈现形式一定要简单明了,可视化、可感化。就如精美的艺术品,不用过多的解释成本,大家就能一目了然,感受到其内部散发出来的艺术之美!

所以,把事情简单化是处理事物的一种智慧,它是事物在混沌和有序中转化的钥匙,里面不仅蕴藏着挑战,更有机会。因此,针对混沌，不用慌张。智慧的人要遵循事物的动态发展规律，主动接纳；要具备主动进化思维，制造混沌，勇敢面对；要主动扩大信息量，用结构化思维，复杂设计，简单呈现！

本章小结：

本章有一个深刻的主题贯穿始终：知者行之始，行者知之成。知识与行动从来不是割裂的，真正的成长和成功，源于将所知转化为所行，并在行动中不断深化认知。

能力要用将来进行时：别被当下局限，能力随奋斗而增长。

目标要众所周知：公开目标，激发责任，彻底执行。

贯彻现实主义：平衡理想与现实，以"敬天爱人"为准则。

重视经验：将经历转化为智慧，成就复利人生。

倾听产品的声音：与时俱进，捕捉变化中的机会。

贯彻一一对应：财务透明，杜绝虚假繁荣。

贯彻双重确认：诚信文化，提升组织效率。

把事情简单化：在混沌中寻找秩序，用结构化思维解决问题。

这一章的内容，不仅是企业经营的方法论，更是人生的哲学。真正的成长源于知行合一，源于在行动中不断深化认知，在认知中不断优化行动。

| 后 记 |

利他的魔力

　　本书的呈现要感谢稻盛和夫这位伟大的企业家、哲学家、教育家。他既是"经营之圣",又是"人生之师"。也要感谢这一路走来各位伙伴的加持,从摩西教育的创业,到胜者教育的经营管理,让我对人生的经营与企业的经营管理有了一些心得和体会。在遇见稻盛哲学(京瓷哲学)之后,我更加确信与坚定这些年来自己所做、所感、所悟。其实,"道"这个东西我们并不用向外求,它无时无刻不在我们身边,因为心外无物,心外无法。当一个人做到内心纯洁,就能够开启心中无限的宝藏。用阳明先生的话来讲,就是"致良知"。做到"真诚恻怛"便是良知。这与稻盛先生的"作为人,何谓正确"的思想不谋而合,这是作为人和经营企业的基础和前提。

当你阅读完全文之后,你会发现每一个条目我都会从一件事物的发展规律、源头开始讲起,简单来说,就是让读者知道"是什么""为什么""怎么做"。尤其是在下篇的企业经营板块,我尽心尽力地把这些年自己所思考和践行的"哲学思想",用现代大家可以读懂的方式坦率地、毫无保留地与各位分享。

在本书的最后,我还有一些话想与大家分享,也算是对本书的一个结语吧。写这本书的初衷想必在开篇已经说明清楚了,但最后我们还是要明确一下。首先,当你阅读完全文之后,如果你有一种智慧顿开的感觉,那么要恭喜你,想必你已经将本书内容与自己合一了。还有一种情况是你读懂了,接下来想要去实践,却又不知道从何下手。对于这种情况,我的建议是,先不着急。你之所以不知道从何下手,是因为还没把全文的内容贯穿起来。建议你多读几遍,并反复琢磨它。本书最核心的是要能够融会贯通,你才能更好地将其应用于自己的企业,或指导自己的人生。但无论什么情况,有一个重要的原则,就是你在践行的时候一定要基于原有的企业基因进行梳理和践行哲学思想。

其次,要重视模型及结构上的搭建。文中已经多次强调,二流的选手在结果上解决问题,一流的选手在原因上解决问题,顶级的选手则在结构上解决问题。无论是人生的经营还是企业的管理,都要做到"有意注意"。所以,希望你从了悟规律开始,以建立结构模型为核心，然后持续深耕细作，最后定能厚积薄发。

最后，希望每个人都能认真努力地经营好自己的人生与事业，不断地磨炼自己的心性，让自己不断地变强大。相信在不久的未来，当你蓦然回首时，定能见到"那人"就在灯火阑珊处。